U0067365

易術

傳統中醫、心理劇與藝術治療之整合

龔 鉥 ◎ 著

鄔佩麗 ◎ 校閱

許家璋、黃創華、蔡珮慈、王敬偉
張莉莉、蘇金蟬、涂瑞玲、李佩玲 ◎ 譯

Yi Shu
The Art of Living with Change

Integrating
Traditional Chinese Medicine
Psychodrama
And
The Creative Arts

Gong Shu

謹以此書獻給我的孩子
John
Suzy
Meiling
與我的孫子
Even 與 Lydia

作者簡介

龔鈃博士是美國 *The Journal of Group Psychotherapy*、*Psycho-drma and Sociometry* 期刊的編輯諮詢；此外，她也是一位藝術家，曾在美國舉辦過多次個展。她所研究的「易術治療」，是以《易經》陰陽交感、天人合一的法則，闡述大自然與人體內小宇宙之互動關係；她以《黃帝內經》解說人與天地相應，是故治療需因人、因時、因地制宜；她藉由精、氣、神學說來說明人體生命活動力來源、升降出入的平衡形式；她崇尚道家自然法則；她以傳統氣功排濁氣、吸正氣的平衡理論，來傳達促進身體內、人際間的和諧觀點。在亞洲各地，她與她的易術治療，無論是哲學思想、治療理念與病理概念，都是源自中華文化，再融合西方的治療形式與技巧，構成一個本土化的治療歷程。近年來更以中國人所謂的精、氣、神整體性的治療理念，在非洲、歐洲、美國、南美洲與亞洲等地，進行心理治療與教育訓練工作，企圖以此治療模式調節人們的身心健康，促進人際與社會的和諧。其最終的目的就是要走向世界大同與天人合一的人生境界。

校閱者簡介

鄔佩麗

學歷：美國紐約州立大學（水牛城）哲學博士（諮商心理學）

現職：台灣師範大學教育心理與輔導學系教授

譯者簡介

許家璋

學歷：高雄醫學大學醫學院醫學系醫學士

　　　高雄醫學大學行為科學研究所碩士

現職：家慈診所精神科專科醫師

黃創華

學歷：高雄師範大學輔導與諮商學系哲學博士

　　　台灣大學臨床心理碩士

現職：嘉南藥理科技大學幼保系助理教授

　　　中正大學心理學研究所兼任助理教授

蔡珮慈

學歷：高雄醫學大學醫學院醫學系醫學士

現職：家慈診所精神科專科醫師

王敬偉

學歷：高雄師範大學輔導與諮商研究所碩士班

現職：家慈診所實習諮商心理師

張莉莉

學歷：台灣師範大學教育心理與輔導學系諮商心理學博士

現職：屏東教育大學教育心理與輔導學系副教授

蘇金蟬

學歷：美國凱斯西儲大學社會工作博士

現職：長榮大學社會工作學系助理教授

涂瑞玲

學歷：美國雪城大學諮商教育碩士

現職：家慈診所諮商心理師

李佩玲

學歷：高雄醫學大學護理系學士

現職：高雄醫學大學護理研究所精神組碩士班

致謝詞

　有Zerka Moreno、Richard Mather博士、Conrad Sommer博士及其夫人 Lee Sommer 的照顧及支持，我感到非常榮幸；尤其是年邁九十歲的Mather博士還幫我校稿，因為他是唯一懂得中國文學與中國哲學的人，所以我把稿子寄給了他；但其實當我寄稿子給他的時候，並沒有想到他會花時間為我校稿。

　　我把稿子寄給 Conrad Sommer 博士的時候，並不知道他已經九十九歲了。我是在 1978 年，學習藝術治療時認識他的，我都忘了我向他學習完形治療至今竟已有二十六年之久了。Conrad Sommer博士教了我多種心理治療方式，他是我心理治療的啟蒙老師，是他鼓勵我整合中國哲學與西方心理治療的。

　　Zerka Moreno 也是一位很重要的老師，自 1984 年認識她以後，一直追隨著她。我仰慕她的精神及治療能力。她來亞洲數次，協助心理劇在亞洲的發展，她也是鼓勵我發展易術的重要人物，我非常感謝她。

　　我也要感謝那些在我寫書過程中幫忙我的朋友們：Kofi Ron Lange 神父花了七天七夜為我校稿；感謝姜新生醫師與我討論中醫；Laura Frankenstein 博士由西醫的角度給我意見；Jim Brasunas 鼓勵給我的治療方式一個新的命名；周美伶博士、Susan LaMantia、Kathleen Kelley 博士、Rosalie Altena，以及很多其他的朋友鼓勵我寫這本書。

　　我要感謝邱鵬城教授對這本書的排版工作，他改善每一張圖畫的顏色；我也要感謝我的學生及個案們，沒有他們，這本書是寫不成的。

易術

傳統中醫 心理劇與 藝術治療之整合

目錄

第二部

易術的發展

CONTENTS

CONTENTS

略說前言

以下三篇前言是由對我來說，三位非常有意義的導師所寫的；三篇前言依照他們在我生命中出現的先後順序而排列。

在我初到美國時，認識了 Mather 博士，他是我的中國哲學與文學的老師，他啓發了我對自己文化遺產的興趣。

Conrad Sommer 博士是我的完形訓練師，也是第一位介紹我對多種心理治療方式有所瞭解的人，他也鼓勵我整合中國哲學與西方的心理治療。

Zerka Moreno 教導我最重要的心理治療方式——心理劇。經由心理劇之路，我得以將不同的治療方式整合到「易術」的歷程。

這三位導師對我而言都是同等重要，沒有他們任何一位，就沒有今天的我。

前言一

　　本書的作者曾經在我所服務的明尼蘇達大學擔任過東亞語言與文學系的助教。她禮請我寫序，那是像我這種對心理治療這麼陌生的人絕不該去做的事。不過，我想我可以以一位讀者的身分來說幾句話，來向她表達我的敬意。就如同書中所陳述她的經歷與成就，尤其值得一提的是，她將傳統中國哲學與醫學融入現代治療實務中所做的具體貢獻。

　　龔鉥本身是一位很有才華的傳統型畫家，但她能不受傳統的束縛，並且將她相當突出的創造想像力運用在其職業中，其成果斐然，正如在她某些當事人的治療經驗中所顯示。特別吸引我的是 George 的個案報告，他是一位天主教的神父，但不愉快的童年回憶與創傷，嚴重地玷污與破壞了他心中上帝與他自己的形象，他不再覺得能夠滿足身為神父的靈性需要，驅使他終於去尋求協助。在表達性治療的團體裡，有其他遭遇困難的人幫他扮演重要他人的角色，George 藉由演出那些痛苦的經驗，逐漸與上帝及他的父母、同事和教友們和解。不著痕跡卻又巧妙地導演這些心理劇的，正是龔鉥所為。

　　我想本書最有價值之處，在於將東方與西方的概念和技巧結合，並且相互滋潤；而無論哪一邊的實務工作者，都能以尊重的態度來看待他人。西方哲學家與醫生都很能理解身心交互的原則——負面的如憂鬱或憎恨，正面的如樂觀與愛。如傳統中醫所說，人類的情緒與人體的器官，和大自然的元素如火與水等，彼此間有某種關聯。此說被某些西方人譏以只是想像的，但是縱使最不相信的人也必須同意所謂的「正向思考的

力量」。總之，能讀到這些真人真事的故事，令我感到非常溫馨。

Dr. Richard B. Mather

Professor Emeritus of Chinese Language and Literature

University of Minnesota

前言二

C onrad 與我倍感榮幸能夠參與你那極為完美的個人與專業旅程。你那創意無限正如你曾走過的人生，還有佇足在易術的藝術之中。這是我們全球各地對未來所寄予的厚望。

這本書指引我們一條能活在和平、愛與和諧之路。

Dr. Conrad Sommer, M. D.

Director and Trainer

Lee Sommer, M. A.

Trainer

Gestalt Institute of St. Louis

前言三

所謂「東方是東方，西方是西方，永無交會之日」的說法絕對不正確，因為西方侵蝕東方，而東方也以各種方式來影響著西方，雖然這是不被讚賞的，但現在全球化正快速地消除所有的界限。然而，除了近期少數學有專長的學者有此察覺外，很多東方的思想尚未為西方所知悉。殊不知，東方的參悟之學已經大量的滲入西方的文化中。

一如龔鉥這般卓越的作品所宣告的，一直都有眾多非正式的流通。據我所知，Jacob Levy Moreno 對東方哲學有興趣；他有時候會談論「道」，而他在晚年讀了《奧義書》。可以想像的是，他對自發性與創造性的注重部分是根源於東方文化；他在轉讀醫科之前讀的是哲學。當他在鼓吹他的概念時，心理治療及其後來的追隨者——心理學，容不下的這些概念，都被遮蔽在心理分析的陰影之下。

龔鉥在她的書中，以一種非常實事求是的態度，直指東方與西方應可交會。由於她通達中國哲學，使她得以繪製日出日落的景象，也繪製了將此世界塑造得更燦爛的一群人，而我們都在其中。

Zerka T. Moreno

Charlottesville, VA

序

反者道之動
～《道德經》第四十章～

從我決定寫這本書到現在，已經整整十年了。當時是 1993 年 9 月和 10 月，我在離開中國三十多年之後，首次回到中國。1993 年 9 月 21 日，我由聖路易出發抵達台北，參加「環太平洋國際團體心理治療研討會」，同時我也受到北京醫科大學和南京腦科醫院的邀請，分別在 10 月 4 日和 13 日帶領藝術治療、心理劇、團體治療的工作坊以及演講。

我走訪了我的出生地——崇明島。當地的外辦將我安置在一座賓館內，有趣的是，這座賓館是建築在我所出生的房子基地上——朝陽門三號。有人告訴我，親婆[1] 於文化大革命時在那裡過世；而後為了拓寬街道以及建築這座賓館，房子被拆了。這趟返家之旅是何等的可貴啊！

就像暴風中翻滾的樹葉，我出生在戰亂的中國，我的家庭為了逃避轟炸及戰爭的摧殘而四處遷徙。我還記得：當日本兵來的時候，我被丟在一張很大的床上，日本兵在床墊下尋找祕密文件。其實母親在幫日本兵開門的當下，就已經在地板下藏了好幾疊的紙張，而我當時大約兩歲。親婆說我那時候很乖、很懂事，當親婆躲在房間裡黑暗的角落時，我告訴那些日本兵，我的家人都到田裡去工作了。父親離開大學的教職，將他的學生組成抗日游擊隊，好幾次這些游擊隊和我們一起住在大廳裡。有一天有一個士兵想要清理來福槍時，一顆子彈飛出來差點射中我的哥哥——龔鐘。

易術
傳統中醫、心理劇與藝術治療之整合

　　我覺得沒有根，就像池塘中的浮萍，又像蒲公英的種子隨風飄在空中或掉落地上，也像天空飄浮的雲，改變形狀，然後無影無蹤地消失。我沒有家，又處處為家——像一艘無槳的船漂流在汪洋大海中。我拚命的想找地方紮根，找一個我可以稱為「家」的地方。我的父親葬在中國南京；母親的骨灰被安置在台灣的一座天主教堂骨灰室；我的孩子們則分散在美國的不同地方。哪兒是我的家？

　　在我的成人歲月裡，我一直想要把「兩個我」連結在一起，就是生我、育我的兩個世界，東方與西方的世界——中國與美國。不論是在語言上或是知識上，甚至文化方面，我一直努力地想要在兩邊紮根。然而，當中國對西方關起大門時，中國離我而去。我努力在文學、繪畫和心理治療中去抓住它，我想要讓我的精神、情感與心理上的中國，和西方能有所整合。

　　我發現，只有在身為一個藝術家以及治療師的創作過程中，我得以整合我自己各部分而趨於完整，而這本書儼然是我趨於完整的個人及專業旅程中的另一個創作歷程。這本書叫做《易術》——「易」是改變，「術」是藝術，照字面的解釋，意思就是「與改變共處的生活藝術」。而趨於完整的旅程則有賴我們學習與改變共處的生活藝術。

龔鉢

2003 年 12 月

美國密蘇里州聖路易

校閱者序

在以一位校閱者的身份寫這一篇序之前，我要先向龔鉥博士致意，向她表示尊崇之意！

由於心理治療是引自西方的助人專業理念，對於非屬西方國度的任何一位助人專業人員來說，最大的夢想莫不是能將己身的文化融入在我們的專業工作中，並且發展出具有在地文化的助人理論學說。

龔鉥傾其一生的精力將中國文化的精髓與西方文化所發展出來的助人專業理論相融合，真是何其令人佩服！又是多麼令人稱羨的成果！所以，我感到很榮幸，得以參與這份校閱的工作，也謝謝她對我的信任與肯定！

記得數年前，當我埋首於寫我的書時，龔鉥就表示她也很想把她的理念寫出來。我當時只是說她可以試著把她所做的案例寫出來，以此來幫助更多的人。只是後來，我沒有想到她能做到把中醫的觀點貫穿在這整本書裡。為此，我也開始很好奇地去看了一些與中醫有關的書籍。又由於我從高中開始就對老莊的思想著迷，因此，在拜讀龔鉥的英文原版著作時，不會感到有困難。當時心中除了對她深感佩服之外，還真是很羨慕她呢！我記得我曾經建議她能將此書翻成中文，讓更多的人可以享受這份成果。只是，她一直有些猶豫，因為，她對自己已經疏忽很久的中文表達能力有些擔心。

去年夏天，我從外地休假回到台灣，聽到她說有幾位學生正在翻譯這本書，其中不乏既有心理劇專業水準，更具備中醫素養的夥伴參與其

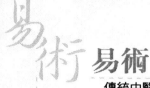
中。當時，我真的打心底為她高興。由於旅途的疲累，我沒有說太多想法。直到今年要過農曆年前，她不時地跟我說，她很擔心這本中文版的著作，無法及時於今年在蘇州舉辦的心理劇國際研討會之前出爐。我當時只是基於朋友之義，就跟她說，如果需要我幫忙，我可以在農曆年期間為這本書花一些時間。因為我也正在忙我的新書，所以，我不敢做太多的承諾。

在農曆年的前兩週，龔鉥把稿子交到我的手上，我翻了一下，幾乎要跟她說抱歉了，但是，真的是說不出口。所以，只好將我正在撰寫新書的計畫延後，專心的做這件事。

從此，我的日子幾乎就是每天早上六點起床，忙完家務之後，就開始坐在餐桌前進行中文校閱的工作，直到晚上十點收工，總共忙了兩個月（我的右手在我休假一年的期間因為寫書和做研究而受傷，所以，此時的我無法在電腦上作業）。又為了盡可能地把這份工作做好，所以，我的餐桌上從農曆年前就擺滿了一堆參考書籍，其中除了中文字典與辭典、漢英與英英字典之外，還有龔鉥的英文版原著、《莊子》、數種版本的《黃帝內經》、多本中醫書籍等資料，當然也包括了幾本心理治療的中英文書籍。

很幸運的是，我終於在四月中旬前把所有的翻譯稿看完，並做了修飾。由於翻譯小組包括八名成員，因此，我必須把整本書的文氣貫串起來，這份工作比我原先所想像的還要複雜得多。然而，也由於這個機會，使我真的是可以逐字逐句地去欣賞到龔鉥的專業道行。而內心的仰慕之情更是益加難以言表！或許正是這樣愉悅的心情，在此過程中，我可以說完全是用欣賞的態度悠游其中，而不覺得有任何一點點的辛苦。

開心的是，終於等到這個時刻！看著中文版的封面，雖然還只是黑白的初稿，我的內心好滿足！

回想到 1993 年底初識龔鉥時，哪裡會想到有機會能跟她攜手走到今天！我衷心地期盼著，她能好好地照顧自己。因為，這樣子我們合作的時間就可以更多一些。或許，十四年之後，我又可以說，沒想到初識龔鉥時⋯⋯。

鄔佩麗 謹識
2007 年 6 月於台灣師範大學

簡介

除非你們變成像孩子一樣，否則你們將不能進入天國。
～《馬可福音》第十章第十五節～

我的孫子在他四歲生日時，想要擁有一部腳踏車。我說：「艾文，我不知道那要花多少錢，腳踏車是很貴的。」「奶奶，沒有關係，我有錢。」他說。接著他回房間拿出他這一生的積蓄───一個裝滿了銅板的小豬儲蓄罐。我們去腳踏車店選了一部腳踏車，他勇敢地走到收銀台前問店員：「多少錢？」然後把他所有的積蓄倒在玻璃櫃台上，整整2元57分。然後，當然囉！他得到了腳踏車。這樣的有信心、有熱情，滿心的歡喜與興奮正是成年人所缺少的。

我記得當我約四歲的時候，我們住在靠近上海揚子江口的一個小島上的鄉下。一個夏日的清晨，我出門時突然看到前面一地的金色油菜花。金黃色的清香是如此的誘人，我忍不住將自己投身於花中，並在田裡打滾。後來我在別的地方也看到過金黃色的花朵，但它們完全不像我兒時第一次經驗到的，那麼清香、燦爛與誘人。

高一的時候，我和幾個同學去參觀了一座道觀。我記得接待我們的是一位帶著最美麗笑容的道姑，她的表情是那麼天真無邪，那是我長大以後不曾再碰到的。這種天真與未經修飾的單純就是道家與禪宗所說的「為無為」。

在蘇美（Sumeric）文獻中的 *Gilgamesh*[2] 一書中，我們看到恩基渡（Enkidu）和野生動物裸體奔跑的故事。恩基渡與大自然和諧地生活在

一起，直到他被神殿的妓女引誘為止；於是他失去了純潔與天真，從此再也無法回到森林裡去了。

中國古代的詩人能以「嘯音」[3] 與自然世界溝通。這種聲音可以憾動大地之氣，並能引導大自然中的生命體與元素和諧地各自棲息其中。

我們的無瑕與靈性是否因社會化與文明化而消逝殆盡？我們原本的和諧與寧靜，以及與萬物合一的本體，是因為文明而失去了嗎？我們的不幸是否該歸罪於文明？文明是邪惡的嗎？我們現在生活在一個人類即將被複製，人與人之間的關係被降到成本效益考量的世界，我們能否持續保有無瑕、熱忱，又有創意的生活呢？我們又該如何保有這份無瑕與靈性而存留於世上？我們應當如何才能與天地萬物融合在一起，卻又是自在的主體而非回應角色？此書即在為這些問題找尋答案。

將此書取名為《易術》——「易」是改變的意思，而「術」則意指途徑、藝術或所謂的「道」，易術就是意謂著在多變的社會中共存的藝術。易術的基本論點強調，所謂康復是自我能持續地在身心靈等方面，與社會環境維持在一個平衡與和諧的歷程中。易術[4] 是一個嶄新卻又傳統的治療理論與實踐，它整合了來自東方與西方文化中，許多創造表達性的治療方法與形式。

易術擷取了心理劇[5]、社會計量[6]、完形治療[7]、傳統中醫及多種創造性藝術中的精髓，並將此等治療理念加以融合，據此進行診療，進而協助人們去釋放與調節他們個人在生理上或人際方面，以及心靈上甚至文化上或種族間的阻礙、糾結與失衡的狀態。

易術可以說是扮演了多元文化中的橋樑。中醫植根於「道」，並遵循自然法則（即所謂的自發性與創造性）以為治療與成長的核心主張。

而易術則同時採擷中西方在思想上具有自發性與創造性的觀點而建立的治療理念，其治療過程主張要去促進個人的自發性與創造力，因而營造出一個和諧並足以誘發人們創造力的生活環境。

易術的基本哲學涵蓋了整體觀[8]與自然法則。所謂的整體觀[8]是指，個人與社會和自然界三者各是一個體系，但是彼此間又互有關聯且相互影響，並且以此三者蔚成一個有機體，而每個體系本身也是一個有機體。自然界可以視為是一個大宇宙，個人與社會則各是一個小宇宙。個人本身是一個完整的個體，同時也與自然界是不可分割的。而易術就是基於此等宇宙觀，以及中國人所主張的人與人之間合作與相依的生活觀所建立的假說。

整體觀源自《**易經**》[9]中，主張宇宙間的運行是循環不息的，而陰陽交替則是此運行的特性，此等現象不僅存在於自然界，也出現在人事的更迭當中。儒道兩家及傳統中醫也都是抱持此等觀點。

道家的「道」[10]與「德」[11]二者皆是源自於整體觀。道家認為，「道」是宇宙的真相，「德」是每一個個體的真相。我們每一個人就像是一滴水（德）徜徉於大海（道）中。個體本身有其統整性，同時也與其周遭的社會與自然界融為一體，所以，人們的健康與社會和大自然的健康，甚至與整個宇宙的健康都是不可分割的。

「為無為」是道家的核心思想。而道家最終的目的則是在於讓人們得以表現出其原本具備的「德」。生命不需要刻意地去撥弄，要讓它自然的發展。人們的責任則是消除其中的阻礙。

易術是一種採用道家及《易經》的哲學觀所錘鍊出來的治療歷程，此法以動態且非直線式的角度去看待時空變化。在此過程中，不斷地走

向陰與陽的平衡與和諧，而推動此歷程的能量則稱之為「氣」[12]，在自然界運行的氣與在人體內循環的氣是一樣的能量。除了氣之外，在人體內的血則如同自然界的水一般，也是周而復始地循環著。

整體觀的主要內涵包括陰陽及金、木、水、火、土五行[13]，其中每一個元素都與宇宙的運轉及人體內的五臟六腑[14]運作有關。在此五行運轉中有相生相剋的現象，此等相生相剋的道理也足以協助易術療法，得以去處理人們在情緒上與陰陽之氣的平衡。這些觀念在「傳統中醫」那一章節裡，會有詳細的討論。

易術的目的是在於幫助人們回復到健康的狀態。道家認為所謂的健康，就是指具有自發性與創造力的原始狀態。傳統中醫則相信健康就是氣血平衡並呈現和諧的狀態。完形治療師 Frits Perls 則認為，健康是指人們持續處於一種覺察的狀態中（awareness continuum）。Jacob Levy Moreno 卻認為，健康的人是與神共創世界的夥伴，而非一個被動的奴隸或是機器人。

《易經》及道家典籍所談論的哲學概念包含了形而上學、認識論（epistemology），以及倫理學；在西方笛卡兒與其解析思維，卻把這些觀點分開來討論。道家認為，宇宙無形的起源與有形的現象界來自同一個根源──就是「道」；道是現象界背後的真相，是太始之前的神祕，初始的源頭。在《道德經》第一章裡，老子說：

道可道，非常道。

名可名，非常名。

無名、天地之始，有名、萬物之母。

易術

傳統中醫、心理劇與藝術治療之整合

在《老子》的開宗明義第一章，即將無名的形而上界與萬物的現象界巧妙地連結在一起。

老子認為自發性是自然法則。他在《道德經》第二十五章裡表達了這一點：

人法地，地法天，天法道，道法自然。

老子用四句話就把道的初始與現象界人類的行為相連起來。

道家視每個個體為一個獨特的生命。人類的存在本就是一個創造性的過程。要是遵循自發與自然法則，每個人都能持續地邁向完整，並得以表現出其原本具備的「德」。

如前所述，易術想要將東方與西方兩個世界的哲學觀與治療方式相結合。它不僅將我在東方與西方兩個文化中體驗到的多種治療形式融合在一起，也反映出我個人在追求完整的生命旅程中之學習歷程。我更加領悟到，若要將生命中的片斷組合在一起，惟有追隨那多變而無止境的歷程──與宇宙運行合一，別無他法。

道家認為人體各部位是同時間在運作，當經絡沒有被阻塞且氣血處於平衡的狀態時，人們的全身，包括身心靈三者都將和諧地一同運作，並相互影響著。也就是說，心理狀態會影響人們的生理及精神層次。莊子就曾在〈齊物論〉中做了以下的比喻：

百骸，九竅，六藏，賅而存焉。

吾誰與為親？汝皆說之乎？其有私焉？

如是皆有為臣妾乎？其臣妾不足以相治乎？

其遞相為君臣乎？其有真君存焉？

如求得其情與不得，無益換乎其實。

一受其成形，不亡以待盡。

在此與人體做類比時，莊子對道的單一本體做了說明。

個體永遠隸屬於環境中的一部分，而生理、精神層次與情緒等的變化，也受此環境所掌控。個體與環境是共處於一個體系，任何一小部分的變化都會影響到全面的完整體系。

所有自發性的動作與行為，都是人們邁向健康的創造力之展現，例如：有神經質（neurotic）的行為就是一種缺乏自發性的表現，而這些人的身體內部就會出現氣阻塞、氣混濁或不協調的特殊現象。這種現象不僅會出現在他們的身體內部，並且也會在他們與環境的互動中產生。而這種氣阻塞的現象也就使他們無法自在地活在當下。

傳統中醫認為，氣阻塞與不平衡的來源分為外在與內發兩種：外在環境包括氣候變化、風寒或環境中的污染，以及人們不健康的生活方式所致；而阻塞與不平衡的內因則來自於個人之情緒因素，情緒失衡會使身體內部的五臟六腑的功能受到影響，並且造成人們與外在環境的互動上也會受到阻礙。所以，要恢復健康勢必要能改善個人的生活習慣、調整身體內部的機能、促進體內氣血流通與協調，並調整個人的情緒。

《易經》的主要概念可以歸納成四個字：元、亨、利、貞，這四個字代表「天德」，也就是宇宙能量與力量的起源；是本體或現象界的固有本質。這四個字也代表「真、美、善」。「元」是初始，「亨」是天地通暢無阻的現象，「利」是和諧與平衡，「貞」是堅定不變的規律性。

易術

傳統中醫、心理劇與藝術治療之整合

有了自發性，萬物得以在太始之初成長，依照固定而規律的歷程，在通暢無阻塞的天地間和諧與平衡地發展。在初始之後，萬物需要平衡與規律性來維持成長的過程，以出離混沌。這四個字也描述了氣流動的固有本質。

傳統中醫受到《易經》的影響，因而發展出更為精細的治療手法，藉由氣動來幫助個人的內在條件、人際關係與精神層次都能恢復到元、貞、利、亨的狀態。在健康的狀態下，人們的氣是和諧平穩的，他／她們的生命力就能既顯現於內，也展現於外。

道家認為天真又自然的嬰兒就是處於元、貞、利、亨的狀態，也象徵著真、美、善與平衡及和諧，這種自發狀態就是所謂的「真境」。完形治療則名之為「持續性覺察」[15]，而達到此境界者就是「真人」。Moreno 認為，真人是與神共創世界的夥伴。禪宗與道家都認為經由自然與自發是趨向於完整之路，自然意謂要順著人的本性，能放鬆與放空；在不掙扎與全然覺察的狀態下透過感官來體驗此境界。

自發與創造是道的核心，也是我的思想中心，這使我能成為今日我這樣的治療師，並促使我邁向一個有自發性與創造力的健康之路。理論上，每個人都具備人們本來就有的道及和諧與平衡，而人們也只有在自發當中回復到真人的本性。易術就是運用創造的過程來幫助人們達到和諧與平衡──一個真人的境界，而真人則佐證了整體觀的理論。

易術的治療根源包含了：中醫、完形治療、心理劇、藝術治療、氣功、音樂／韻律，以及舞蹈／律動。這些不同的治療方式整合成一套獨特、具創造力的治療歷程，進而協助人們去釋放與調節他們個人在生理上或人際方面，以及心靈上甚至文化上或種族間的阻礙、糾結與失衡的

狀態。

中醫：中醫旨在治療「整個人」。它關注到治療情緒，因為情緒是疾病的主要原因。根據陰陽五行的理論，中醫致力於幫助個人達到和諧與平衡並變得完整。

氣功[16]：氣功是中國傳統的醫療方法之一。它採用呼吸、冥想，以及靜心養神的方法。這種方法有助於排除體內的毒素，而代之以來自宇宙正向與滋養的氣。它能平衡身心靈的陰陽元素，它能促進健康的個人內在、人際間，以及超乎個人之上的關係。它的目標是創造宇宙的和平與和諧。

完形治療：Fritz Perls 所創的完形治療是以存在主義與現象學為導向。完形將每一個人視為一個獨特的「蛻變中的個體」。一個人是不斷地在發展且趨於完整；完形治療師將人類的存在視為是一個在創造中且總是處於當下的延續狀態。因此，完形無意於探知隱於目前行為背後的遠因，並非它不想知道其中的變化如何，而是因為它更有興趣知道人們如何處於此時此刻，進而能「促進人類的成長並發展人類的潛能」（Perls, 1969: 2）。他的學說中最核心的整體觀點是以 Goldstein 的有機體論（organismic theory）為立論基礎。根據 Goldstein 的說法，有機體是由不同但互相連結的部分組成，在正常的情況下，這些部分會共同運作。Goldstein 的有機體論聽起來非常像莊子在〈齊物論〉中所形容的共同體。完形也受到 Kohler、Koffka 與 Wertheimer 的感知理論（perceptual theory）所影響，如 Perls 所說的：「相信人不會將事物感知成不相干的片段，而是會將這些事物在感知的過程中，組成有意義的整體」（Perls, 1973: 2）。這是健康的人運作的正常程序。

易術
傳統中醫、心理劇與藝術治療之整合

心理劇：心理劇是由 Jacob Levy Moreno 所構想，並與他的妻子 Zerka Moreno 共同發展出來的。自發性與創造性是 Moreno 理論與實務的要素，他相信每個人生來就有自發性，並因此而促成創造力。而文化傳承（cultural conserve）[17] 卻常阻礙了自發性與創造力之發展。若非受制於文化傳承，每個人都可以成為既自主又有創造力的人。只有自發性與創造性才能使人們成為上帝創造世界的夥伴，而非回應者或機器人。上帝就是具有自發性的造物者的最佳代表，在上帝手中，所有的自發性都是創造力。對 Moreno 來說，自發性不一定都是有創造性的，因為有時候自發性會變成慣性。Moreno 也強調「瞬間現象」，即「此時此刻」；治療的目的不僅是瞭解一個人發生了什麼事，同時也要藉由他對當下之彈性角色的能力，來幫助他／她調整對某些情境的行為反應。

　　Moreno 相信人類本質上是社會性的。在社會原子（social atom）[18] 中，他們同時與人以正面或負面的形式聯繫。心理劇是一種關係治療，它經由戲劇表演的過程來療癒人際關係；透過生活中的場景（過去、現在或未來），參與者投身於戲劇表演來體驗或重新體驗他們的想法、感覺、夢想或人際關係。它的程序包括暖身、表演與分享，所用的方法包括社會計量、角色理論與團體動力。Moreno 認為自我會從角色中浮現，而角色是文化資產。其中有主要的角色與個人間的衝突，每個人可以用扮演角色的能力，去選擇角色。心理劇由舞台、導演、主角（劇中的英雄）、輔角，以及團體成員等要素所組成，它可以用在團體、個人、伴侶或家族心理治療與諮商。心理劇是一個很有張力的療程，旨在強化一個人的創造性潛能，以使之更能面對生活中的挑戰與機會。

　　社會計量學（sociometry）：J. L. Moreno 也創造了社會計量學一

詞，社會計量學的意思是社會測量——一種測量人與人之間相關程度的方式。它是評估團體中人際關係能量的一種方法。Moreno 將社會計量學定義為：「人們心理屬性的數學研究，是採取量化的方式所得到的實驗結果」（Moreno, 1953: 15-16）。Moreno 認為，在所有現存的人際關係中，選擇是基本存在的事實，不管選擇者的動機如何。社會計量學在處理團體衝突與創造團體凝聚力是很有幫助的。社會計量學是一種行動科學而非扮演無趣的分析者。Moreno 的社會計量要作為重造社會的一種途徑。

藝術治療：藝術治療是一個創造的過程，一種真實的創造經驗。它本質上形似藝術家的創造過程，但在某些層面上是有些區別的。就像所有的藝術創作，個案的治療過程是用藝術材料作為工具，將一個人不明之處導向顯性覺察（同時存在於過程中以及所創造的藝術形式——即作品中）。經此擴展的覺察，則過程與作品都可培養個人成長以及自我實現。素描、繪畫或黏土，或其他藝術創造的過程可以幫助人們去碰觸那早已忘卻，但會阻礙其能量的創傷經驗或未竟事宜的影像。另一方面，藝術家比較注重的是創作的成果；這並不是說覺察或個人成長與自我實現的成長是不重要的，但是對藝術家來說，他所注重的是對素材的瞭解與掌握，以及作品的水準，這就要耗費大量的時間與心力，要有好作品也要有才氣。一般而言，藝術家主要關注的是他／她的成品（亦即藝術作品）之水準，卻暗自關心他／她的自我實現。

音樂：音樂氣功大師吳慎發現，在古代中國，音樂比草藥更早用於治療。雖然音樂治療比草藥更早，但只保留給皇室，與一般大眾無緣。中文的「樂」字比「藥」（樂加上草字頭代表藥草）更早出現。音符的

聲波與穴位共振，以協調經絡中的氣來治療各種疾病。

　　舞蹈／律動：當我的孫女五、六個月大，剛剛會坐的時候，就能隨著音樂搖擺身體，並隨著旋律擺動大腿。當她十個月大，還不太會走路的時候，她就開始隨著音樂起舞。孩子會自發性地隨著旋律擺動他們的身體來促進成長，大人的身體動作往往受制於社會與文化的規範：「走路要像女生，走路要像男生！」「這個不可以，那個不可以！」人們從小就被教導要服從社會規範，而忽略了生命的自然韻律。自由的身體擺動與舞蹈有助於恢復一個人的自然韻律，並且調整自然成長所需的體內磁場。

　　本書希望探索新的治療程序來協助個人與團體，打通他們氣的阻塞以趨於完整，達到元、亨、利、貞與真、美、善的境界。只有經由自發性與自然性，人們才能重展其德——這種與生俱來的內在潛能。

　　易術整合[19]了多種不同的治療方式來疏通阻塞的氣，其目的在於幫助人們達到內在的平靜，讓各團體間得以和諧相處。易術最終的目的就是要走向世界大同與天人合一的人生境界。

PART 1

易術的起源

夫物芸芸，各復歸其根。

～《道德經》第十六章～

山間微風　作者繪於 1974 年 11 月

Chapter 01

尋根

　　我於 1993 年第一次回到中國的旅程，讓我更加想去找出一條路來整合已經分裂的自我，於是醞釀了寫這本書的構思。

　　我於 1993 年 9 月 21 日離開聖路易抵達台北，參加「環太平洋國際團體心理治療研討會」，同時也分別在 10 月 4 日和 10 月 13 日接受北京醫科大學和南京腦科醫院的邀請，去帶領工作坊並進行藝術治療、心理劇及團體心理治療方面的演講。

　　在台北，我嘗試以雙語來練習已經疏忽了近三十年的中文，感到既尷尬又興奮。我的妹婿、妹妹、外甥和我相遇在機場，我以姊姊的身分備受禮遇。

　　我帶領一個「自然和創造──東方與西方的交會」工作坊，並用雙語演講，卻注意到自己結巴地講中文和英文。當我講英文時，會無意間說幾個中文字；而當我說中文時，雖然發音和腔調正確，卻使用了英文的文法結構。而在台北的考驗，使我能於兩週後在北京不再結巴地講著中文。在台北的時光以及環太平洋的工作坊，為我在中國大陸的心理劇工作做了暖身與橋樑，我開始有一種「啊哈！」的感覺！「搭一座橋」，就是我的宿命。

　　就我的記憶，我就一直想要將我那因憎恨與戰爭而被撕裂的世界整合在一起。在我大約兩歲時，我的雙親就離開我了，將我交給我的祖母撫養。

易術

傳統中醫、心理劇與藝術治療之整合

我家由城市搬到很偏遠的鄉下，那是在中日戰爭的期間。由於日本人使用「焦土政策」來驅趕我的父親和他的屬下，農民因為他們的農地被燒為灰燼，而懇求我父親離開。父親是一位社會主義的作家，是一所大學的文學教授。他離開了教職，並將他的學生組織起來，以游擊的方式與日本人對抗。母親堅持要跟隨著他，將我的哥哥、弟弟，還有我交給了親婆（我父親的媽媽）。

一、兒時的夢般歲月

> 故事、誦經、巫師降神會、顏色和形象，創造了那個在下意識
> 裡保有豐富文化遺產的我！

和我親婆在一起的歲月成為我生命中最深刻的記憶。親婆是一個快樂的人，無論發生什麼事，她總是很開心。我們住在一個沒瓦斯也沒有電力的偏遠鄉下，過著日出而作、日落而息的生活。有時我們會點燃一盞油燈，那裡面有燈芯，還有放在盤中的蔬菜油。每天晚上在晚飯後、就寢前，親婆會在庭院講故事給我們聽。故事內容通常是一個不懂餐桌禮儀的傻女婿，或是那些想要取悅男士，卻露出滿嘴金牙的笨女孩，或者是那飽學之士徐文長的故事。

傻女婿的故事大致如下：

有一天這位女婿被他太太的娘家邀請共進晚餐。他的姊姊建議他
要慢慢吃，而且不要動筷子夾菜夾得太快。她說她會在他的左腳

上綁一條線，在該吃的時候，她會拉一下線來提示他，他開心地同意了。這時剛巧有一隻公雞路過，並且纏住了那條線，那隻公雞一直想要掙脫。於是這個女婿說：「大姊，你拉得太快了，我沒法子跟得上您哪！」

至於飽學之士徐文長的故事如下：

有一天，徐文長到佛寺去拜訪住持。當他到達寺廟時，聞到了一股魚腥味；照理說，吃素的和尚是不應該吃魚的。因此這位聰明的學者做了一首詩：「向陽門第春常在，積善人家慶有餘。」「慶」這個字的發音與「磬」同，而「餘」這個字的發音與「魚」同。徐文長說的是：「磬中有魚。」這個住持感到很尷尬就將魚給了徐文長。

我記得有一個晚上，鄰居們手中拿著鍋、盤到我家庭院。親婆叫我們都來，和鄰居們圍成圓圈坐在一起。她要我們用炒菜的器皿敲打鍋子和盤子，敲得愈大聲愈好。她說，天狗吃了月亮，我們要牠吐出來。有一些人頌唸著：「阿彌陀佛！請老天爺保佑我們。」月亮逐漸顯現，黑暗的陰影離開了月亮。當然到後來，我知道這是以前的人用此儀式來處理月蝕的現象。

我還記得我曾看過兩個男人抬著一根扁擔，而一位婦人站在一個裝滿水的桶子裡，身體倚靠在扁擔中間。我從門縫偷看到房間裡面，還聽到那名婦人痛苦地尖叫，然後是一個嬰兒的哭聲。這是當時嬰兒誕生的狀況。

我也曾看到一個行進的隊伍，他們抬著很重的香爐，香爐以鐵鉤鉤住他們前臂的肉裡。這是信徒們懺悔的方式。

土地公坐在大紅大黃的轎子裡。我聽到鑼、喇叭和絃樂器的樂聲。

我看過穿著黃色長袍的巫師跳著舞陷於恍惚的樣子，還喃喃唸著咒語，一面說著：「抓緊我，我要帶你去陰間去看你有什麼問題，我會幫你趕鬼。」巫師這樣告訴他的信徒。

村民拿著米、蔬菜、蛋、雞給親婆，來交換剪紙設計，她也為他們讀信和寫信。親婆與村民摘棉花，然後揉成絲線並染色，編織為布料，再為我們做衣服。她把已破舊的衣服剪成一塊一塊再拼起來，做成我們的鞋底；她先用紙剪出式樣，再替我們縫製鞋子。親婆從來不為任何事煩惱，縱使有煩惱，她也不表現出來。親婆總是有辦法讓孫子孫女們吃飽穿暖。

我和親婆在一起的童年經驗，常像夢幻般地在我眼前跳躍，尤其在我遭受考驗或災難的時候。她的信心、熱忱，以及對生命的熱愛，還有她對孫子女及鄰居們那般呵護樣貌，也成為支撐我渡過身為單親媽媽的艱困歲月的力量泉源。

當我五歲時，我的父母帶著我和哥哥去南京。因為我六歲時長得高大，並且具有三年級的閱讀能力，所以我從三年級開始讀起。以前親婆為哥哥請了一個家教，而我總是坐在他旁邊跟著學習。雖然我很開心能和父母在一起，但是我想念親婆。然而，往後的事情並沒有更好，不久，我的父親死於肝病和肺病。長期的營養不良，以及因為打游擊而在壕溝的生活，使他付出了生命的代價。

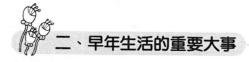

二、早年生活的重要大事

當我還在讀小學時，我的母親把哥哥和我託付給在南京的姨媽，自己

到台灣工作。那是一段動盪不安的時期，學生在街頭大聲疾呼口號；到了晚上，校園裡又不時有營火會。

我不瞭解發生了什麼事，但總覺得沒有公平正義。當我哥哥拿著洗澡水到二樓給姨媽時，我的表兄妹卻像王子與公主般悠閒的坐在那。我的姨媽會做新衣服給表兄妹，但我和我哥哥卻什麼都沒有。我離開家，跟老師說我沒有地方可以去，於是就和年齡大我兩倍的學姊，住在學校一間有十二個上下舖的宿舍，她們對我像對小妹一般。有一個同學帶我回家，她說她的父母不介意我和他們同住。他們家是做生意的，我們住在一個店舖前的房間，我可聽到賣蔬菜的小販用盡肺活量大聲喊叫，迎接黎明的來臨。我每天都會夢見我到台灣和媽媽住在一起，也一起看棕櫚樹和海邊的夕陽。

我常常唱天倫歌來安慰自己，這是一首孤兒的歌曲，唱這首歌讓我不時掉淚。這首歌的內容大致是像這樣：「人皆有父，翳我獨無，人皆有母，翳我獨無，……小鳥歸去已無巢，兒欲歸去已無舟。……」這首歌結束時是這樣寫著：「老吾老以及人之老，幼吾幼以及人之幼，……浩浩江水，靄靄白雲，莊嚴宇宙恆古存，大同博愛，共享天倫。」

我的哥哥——龔鐘，是我唯一的安慰，在農曆3月3日的清明節，人們會去紀念死者。哥哥來到我的學校，要一同去為父親掃墓；我們買了一串香蕉和一些橘子當作祭品。我們沒有錢坐公車，就向朋友借了一輛腳踏車，哥哥決定騎腳踏車載我去掃墓。他騎腳踏車，我則坐在腳踏車前面的桿子上，我們從黎明就出發，在黃昏前我們只完成了一小段路程，哥哥已經疲憊不堪，於是我們決定回頭。當我們回來時，晚餐已經結束，沒東西吃了，所以哥哥和我就吃了那些水果。我們想父親應該能諒解，我們已經盡力了。

　　這期間一直沒有母親的消息。當母親在一年半之後再度出現時，我覺得好像已經過了很多年。她帶著我哥哥和我到了上海，我遇到了我的弟弟，還有我所不知道的小妹，她從出生就由一個奶媽養育。後來，我們的一個親戚將我們放在一個往台灣的貨船甲板上，在海上的旅程好像沒完沒了，最後我們終於到了台灣的基隆。

　　我進入了台北第一女子中學。在學校裡，我感覺自己像個外人；大部分的學生講台語，而我一個字都聽不懂。我們很貧窮，我的母親在一所專科教書，她幾乎沒有多少錢可以供應我們食物，我常常對於讓同學看到午餐盒裡面裝了什麼東西，而感到難堪。我在學校很用功地讀書，總是維持在班上的前三名，而我也被選為班長。

　　有一些同學對我很好，其中一位同學叫朱苡莘特別有同情心，她幫我在她爸爸任職的機構，找到了一個擔任文書的暑期工作，而他爸爸是局長。她常常到辦公室來看我，想要確認我有被善待。我的工作是抄寫中文文件，而那兒總是有成堆的文件，我也總是盡可能做快點，但工作從來都做不完。我的同事們，大約四、五十歲的婦女，卻坐在那裡聊天和抽菸。有一天我的單位主管過來告訴我：「寫慢一點、小心一點。」

　　後來我才瞭解，大部分我抄寫的文件，他要他的弟弟重寫，因為我寫得太潦草了。由於我是所謂「老闆提拔」的人，他怕冒犯我而不敢告訴我。我從這個經驗中學到了一個重要的功課：「每天做你能做的，不要匆促，你的工作永遠做不完，總是有更多的事需要完成。」有句中國俚語：「做一天和尚，敲一天鐘。」

　　無論我到哪裡，總是被當成外人。人們總是問我：「你從哪裡來？」甚至最近我到紅十字會的災難紓解中心當志工，那位負責人對我說：「你

是在外國出生的。」我一生當中，一直想要找到能讓我紮根的處所——一個我會稱之為「家」的地方，一個不會把我當成外人的地方。

我父親葬在南京，而我母親的骨灰放在台北的一個天主教堂的靈堂，我希望有一天我能帶她回家，把她葬在我父親旁邊。1996 年我第二次回南京時，去尋找父親的墳墓，卻找不到。原來是在文化大革命期間，他的墓碑被拿去造橋；那麼，我能歸屬的中國在何處？在國際會議裡，當群眾被要求代表他們的國家站起來時，絕大多數的人只需要站起來兩次，我卻要站起來三次：一次代表美國，一次代表台灣，一次則代表我出生的中國。

易術 **易術**
傳統中醫、心理劇與藝術治療之整合

尋求自由與平等

一、研究所裡的平等

　　當我從台灣大學畢業，來到美國念研究所，我以為我到了一個自由平等，沒有種族或性別歧視的國家。我拿到明尼蘇達大學給外國學生的獎學金來念比較文學，我想要研究陶淵明和 Wordsworth——兩個田園詩人；一個來自中國，一個來自英國。我修 Jackson 教授的浪漫派詩人這門課，她問我：「妳為什麼想要研究 Wordsworth？我對陶淵明的瞭解多於妳對 Wordsworth 的認識。」我嚇一跳，她不懂中文，怎麼會懂陶淵明比我懂 Wordsworth 還要多？

　　我想要修維多利亞時代的英國文學，於是修了 Stange 教授的課程，他說：「妳為什麼要修維多利亞時代的文學？去年一個日本學生沒能修完我這門課。」我回答說：「首先，我不是日本人；就算我是，你怎麼可以以另一個人的表現來評價我？」最後一擊來自我的指導教授 Falk 教授，他對我說：「妳是一個漂亮的女孩，妳為什麼不學圖書館學或結婚？妳不需要一個博士學位。」我很生氣也覺得很受傷：「難道這就是我從這塊自詡為自由之地應得的待遇嗎？」

　　那個時候，親婆的精神再度給我力量。我申請了哈佛和耶魯大學，哈佛沒有給我獎學金，耶魯則提供了我三年的獎學金攻讀比較文學博士。Falk博士從其他教授那裡知道耶魯給我獎學金的消息，他非常生氣：「我是妳三年的指導老師，妳怎麼可以不告訴我妳要去耶魯大學？」他大吼著：「妳還想要從這裡拿到碩士學位嗎？」我反駁說：「我不想從你這裡得到什麼，我要去耶魯攻讀博士學位。」一個我修中國文學的教授 Mather 博士告訴我：「妳能不能拿到碩士學位不會被他影響，在委員會裡有我們三個人。」所以，我完成了碩士論文，也進行了我的口試。

　　耶魯大學對我很好。第一天，我遇到我的指導教授，他說：「妳懂哪些語言？除了英文以外，妳必須懂三種外國語言。」我告訴他：「我會讀法文、中文和英文。」他從書架上拿下一本法文語言學的書，對我說：「好！把它讀一遍，然後翻譯給我聽。」我很害怕，因為我不懂法文語言學。我邊讀邊翻譯。他說：「好，就說我已讓妳過關。」我選修了 René Wellek 博士的二十世紀文學評論，Welleck 博士鼓勵我探索中文和俄文的文學比較。這是第一次讓我覺得受到了尊重。

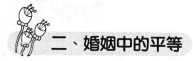

二、婚姻中的平等

　　此時，我遇見 David，他是一位年輕又英俊的數學教授。聽說我拿到耶魯獎學金，David 堅持要跟我結婚。他承諾我要支持我在耶魯的學業，我不知道如何說不，所以就同意了。我記得我在婚禮那天跑掉，並且哭到眼睛紅腫。當我回到在 Mather 博士家舉行的婚宴時，我的兩個眼睛腫到很像高爾夫球。

雖然 David 在紐約大學擁有教職，但是我們很貧窮。健康保險無法涵蓋醫療費用。我們買不起冰箱，就在雪中藏肉，但卻被隔壁鄰居的狗把它挖了出來。我記得母親在風中保存雞肉，我嘗試用母親的方式把雞風乾，我們把雞吊在一條綁在二樓兩個窗戶之間的繩子上來讓雞風乾。鄰居告訴我們他們會聞到雞的臭味，所以好心地讓我們使用他們的冰箱。我們所租的洗衣機和烘乾機沒有過濾網，David 只好穿著沾毛球的衣服去工作。

在耶魯的學生都為自己的事而忙碌。整學期下來，坐在我旁邊的人沒有注意到我懷孕了，當我生下小孩後回到學校時，他問我：「妳到哪裡去了？」我告訴他我在 Grace New Haven 醫院，他說：「妳發生了什麼事？」他很驚訝我生了一個孩子。

在 John 出生後六個月，David 在華盛頓大學找到了一個工作，於是我們全家搬到聖路易。由於在天主教堂結婚，我們不准節育。Suzy 在 John 之後一年出生，所以我只好留在家裡做一名全職的母親。

當孩子到了可上托兒所的年齡，我開始在華盛頓大學修一些課，並計畫繼續念我的博士學位。我也在 Webster 大學（前 Webster 學院）和華盛頓大學教書。David 很生氣地說：「多數女人上學只是為了找到一個能養她的好丈夫，難道我賺的錢還不夠妳用嗎？妳賺的錢連付褓母的錢都不夠。妳不必拿博士學位來證明妳是聰明的。妳遲早都要放棄，為什麼還要嘗試？我以為結婚後妳會改變，妳為什麼不留在家裡照顧孩子？」我不認為 David 想瞭解我，我常覺得他在羞辱我。當我不照他的意思做事時，他就說我笨。他的母親會來向我示範如何以她的方式縫衣服、燙衣服及烹飪。她是一個好女人，這樣做是出於好意；身為一個中國人，我也覺得應該順從我的婆婆。他們想要調教我如何持家，但我感到沮喪而且幾乎失去自尊。這時親

婆的影像浮現了，我找到一個律師協助我和 David 訴請離婚。他跪在我的面前說：「請別這樣做，我會改變。」但是我一旦下了決心，是不會回心轉意的：「不，David，太遲了！」有時候，我也會想，我對他是否有些不公平，沒有給我們雙方一個機會。

在和 David 離婚兩年後，我遇見了 Richard Hazelton，他是一位英國文學教授，Dick 和我很快就結婚了。第二次婚姻對我而言，是另一場災難，當我們的小孩 Meiling 三歲時，Dick 和我也離婚了。

Chapter 03

會心治療的歷程

一、藝術治療和完形治療

1977 年的春天，當我在教中國畫時，我的一個學生告訴我，自從她開始跟我學習中國畫，她的失眠就不再犯了。她說她願意公開地見證我如何幫助她治療睡眠問題，她問我是否有聽過「藝術治療」。在那時候，我最小的孩子 Meiling 只有三歲，我是一個剛離婚的單親媽媽，沒有任何情感和經濟的支持，我不敢夢想再回到學校。我試著去找，也查到 Lindenwood 學院有提供藝術治療碩士學位的課程。我和系主任談過，並提出我的學習計畫，但我還是沒有心去上學，我感到沮喪和困惑。我請一個朋友幫我照顧我的兩個大孩子，我帶著我的三歲孩子出城往西開車，「想去尋找我自己」。

Richard Rickert 博士是我的指導教授，也是一個精於中國思想的哲學教授。他對我的中國道家思想和心理治療的學習計畫很有興趣，所以決定要收我。他在我西行時每一個落腳處都留話。當我經過一個月的徬徨回到家時，我收到一封來自 Lindenwood 學院的信，表示他們願意給我獎學金讀書。我在華盛頓大學、Webster 大學、聖路易大學的 Metropolitan 學院，

和Forest Park社區學院兼職任教，以維持我家裡的開銷。我會猶豫去做另一個承諾，因為在耶魯大學無法完成博士學位的隱痛仍在我的心中揮之不去。

一個剛離婚又是三個孩子的媽媽，怎麼可能一個人維持一家生計，又要為人母，還要盡到學生的本分呢？我告訴Rickert博士我將不會去學校，我不想又被迫放棄另一個獎學金，再嚐失敗的滋味。他繼續說服我去拿這個獎學金，他堅持地說：「只需要花費一年半的時間，妳的生活將會有所改變，將會有一些工作機會出現。」

我入學接受挑戰。除了在 Lindenwood 修碩士學位，我也在聖路易完形治療學院註冊。院長 Conrad Sommer 博士鼓勵我整合中國哲學和西方心理學，在他的指導下，我寫了主題為「Maslow 和道家」以及「完形和禪」的論文。Sommer 博士也教了我導引式想像法（guided imagery）、生物能（bioenergetics）、基數（radix）、心理綜合學（psychosyn-thesis）和心理動能重建（psychomotor reconstruction）。我的碩士論文題目是「在藝術治療歷程中的覺察與成長」，是以道家哲學和中國畫的歷程為基礎。我創造了一個新的藝術治療歷程，將之名為「觀與繪之道——一個藝術治療歷程」。

我發展的這個藝術治療歷程，是根據道家和禪宗哲學的自發性與創造力，以及完形理論的持續性覺察。這個歷程先從中國道家的靜氣功開始，繼之透過呼吸與專注歷程，心齋（即放空）及坐忘，以使個人存在當下的時空中，可以運用各民族的音樂來帶領人們自由的舞動與搖擺。在身體擺動之後，參與者可用中國的毛筆將其心理上的體會以繪畫的方式記錄下來20，畫在中國宣紙上。之後用演劇將這些畫具體化，當事人也將扮演在其

繪圖中的各種顏色與圖案。這種程序很適於探索個人內在的議題，使之自我認識。我曾於 1980 年 11 月 6 日到 9 日在勘薩斯市舉辦的「第十一屆藝術治療年會」上發表這個歷程，這篇論文很受好評。我也曾受邀於 1982 年在勘薩斯的 Emporia 之 Emporia 州立大學舉辦的「治療的藝術：藝術治療研討會」擔任專題講座。此時，在勘薩斯的 Manhattan 的勘薩斯州立大學請我為他們的暑期學校教授此課程。我的同事也表露對道家和心理治療主張的創造性與自發性之理論有興趣。

在 Lindenwood 學院和聖路易完形學院學習期間，我意識到中國哲學和西方思想早已結合在一起。尤其是存在主義和現象學思想，諸如人本心理學中的 Maslow 和 Rogers，心理分析學家中的 Karen Horney 與 Eric Fromm。海格爾（Hegel）於 1816 年在 Heidelberg 大學講授道家哲學；榮格（C. G. Jung）於 1929 年在《太乙金華叢誌》（*The Secret of the Golden Flower*）寫了一個重要的介紹，闡釋道的精髓，他也於 1949 年為《易經》的德譯本寫了一篇前言；Maslow 在他的 *Farther Reaches of Human Nature*（Maslow, 1971）和 *Toward a Psychology of Being*（Maslow, 1968）二書中，多次提到道家。在許多個案中，Maslow 用「Taoistic」這個字，這和道家的思想是一致的。可是當他用「less Taoistic」（Maslow, 1971: 69）這一詞時，則與道家思想不一致。既然「道」是不能計量的，就沒有所謂的 less Taoistic；Karen Horney 對日本禪有些認識，她在她的第四本書《我們內在的衝突》（*Our Inner Conflicts*）中，引用鈴木大佐（Daisetsu T. Suzuki）的《佛教的禪和它在日本文化的影響》（1938）；Eric Fromm 也受到禪思想的影響，例如：在他編輯的《佛教的禪和心理分析》（*Zen Buddhism and Psychoanalysis*）一書。諸如此類的例子太多，

無法一一列舉。

Rickert 博士的確說對了，真的有很多工作機會出現了。當我於 1979 年 8 月得到藝術治療的碩士學位，真的！就在我口試的那一天，我被 House of Affirmation 正式聘為藝術治療師。這是一所為天主教修士、修女與神父所設立的住院精神醫療中心，這所機構最近又在 Missouri 的 Webster Groves 開了一家分院。

二、心理劇

好像終其一生，都有一股力量在指引我的方向。在 1983 年初期，Kathleen Kelly 博士（她是 House of Affirmation 的院長）要我接替心理劇家的工作角色。她說：「妳會知道怎麼做。」我問她：「什麼是心理劇？」我所做的就是讓案主去扮演他們在夢中的藝術作品之意像。我從來沒有聽過心理劇，覺得很榮幸，但也很惶恐。所以我要求機構送我去接受心理劇的訓練。

（一）與 Zerka Moreno 相遇 [21]

1983 年 12 月，我寫了一封信給 Zerka Moreno，但在次年 3 月才寄出去。Zerka 立刻就回信了，而且她注意到我寫信與寄信之間的時間間隔。我告訴她我對於要開始學新事物感到遲疑，我怕我無法完成。我對於未能完成在耶魯大學的博士學位非常地後悔。當時她剛好在勘薩斯有一個需要住宿的訓練工作坊，她建議我可以試試看。

（二）當心理劇主角[22]的初次體驗

1984 年 9 月在勘薩斯，我第一次成為心理劇的主角。我處理了對前夫 David 的未竟事宜，那種憤怒與內疚的感覺。一步一步地，心理劇的歷程 像剝洋蔥般，引導我到情緒傷口的核心議題。Zerka 用角色交換、鏡照， 以及替身等技巧來引導我，帶領我走過一生中所有的起伏與轉折，我從來 沒有哭得這麼厲害。當 Zerka 堅持要我坐在她的大腿上，由她在搖椅上撫 慰著我時，我很受感動。這一段治療對我來說就像經歷了重生，我立刻愛 上了心理劇，似乎這個過程能幫我將到目前所學到的一切做一個整合工作。

（三）與 John Nolte 博士相遇

在心理劇方面，我的另一位重要導師是 John Nolte 博士[23]。當時他是 在位於 Indianapolis 的心理劇與社會計量學中西部中心，離聖路易只有五 小時的車程。從 1984 年 10 月到 1987 年 5 月這段時間，我去參加他每月 一個週末以及一週住宿的訓練團體。在整個心理劇的訓練中，他是我的訓 練師與督導。就是在 John 的訓練團體裡，我處理了喪父的創傷，以及我在 南京兒時所遭受的苦難。除了心理劇的歷程以外，我在他的團體裡還學會 了行動社會計量與會心的技巧。有 John 作為訓練師，我覺得非常地幸運。

心理劇處理的是人際議題。Zerka 說過：「心理劇是一種關係治療。 它是社會原子修復的歷程。」Moreno 的基本哲學是創造性與自發性，他相 信只有處於自發性與創造性中，個人才可以成為與神共創世界的夥伴，而 非一個被動者或是機器人。由前人所創造而留下來的文化傳承，如思想作 品或社會行為等，最後卻成為主流文化，有時會限制了個人的成長與發展。

Moreno想要幫助人類重獲他們的自發性,並取回他們的創造力。而社會計量學與心理劇的程序就是來幫助人類達到這個目標。

▼(四)在兩個世界搭起一座橋——心理劇登上中國長城

歷史上,中國長城是建來防止外敵入侵。在 1997 年 10 月 6 日,Zerka Moreno、我,以及一群來自荷蘭、芬蘭、巴西、加拿大、台灣、中華人民共和國和美國的心理劇家一起登上了長城,並創作了一個心理劇,就是我們在「東方與西方的世界」之間搭起一座極具意義的橋樑。在這個歷程中,團體成員手牽手祈請 Jacob Levy Moreno 的精神與我們同在。

▼(五)文化劇

在 House of Affirmation 的時期,真的是歡樂時光。在 Kathleen Kelly 博士的領導下,工作人員與他們的眷屬會定期做社交聚會。這裡是由愛所建造的場所,即使待遇微薄,我們都很努力地工作,我們的夢想是建造一個真正的治療社區。我記得 1980 年聖誕節的時候,那是第一年我買得起聖誕樹放在家裡。我給孩子們 200 元來買聖誕禮物送給家人。當我回家的時候,我發現樹下只有一包禮物,我很驚訝,問他們我給的錢哪兒去了,他們沒有回答。在聖誕節早上,孩子們熱切地交給我一個很長的包裹。裡面是一套昂貴的白色羊毛套裝和一件絲質上衣。他們都捐出他們的儲蓄和我給他們的 200 元。我感動得熱淚盈眶。

就像所有的歡樂假期一樣,這樣的日子並不長。在 1989 年,機構倒了,那個國際主管盜用公款跑掉了。我非常生氣並辭職抗議,也成為一個兼職的顧問,所做的只有每週一次的心理劇。在此同時,在 Ghana-Togo

省的聖言修道會，省長 Michael Blume 神父邀請我帶領宗教人士，進行一場族群間與文化間溝通的工作坊。既然我沒有全職的工作，所以我就接受了這個邀請。

當時有來自五大洲的宗教人士到西非做傳教士。他們有意無意地展示著他們的文化傳承。以 Moreno 的詞彙來說，他們之間的關係用「混亂」二字，都不足以形容其糟糕的程度，而那種厭惡的感覺則多半來自於無法進行有效的溝通。我做了一些跨文化的工作坊[24]，來幫他們看清楚，是哪些文化上的差異使他們溝通不良。

我記得團隊精神是一個非常重要的議題。一個迦納神學院的學生就有這個問題。他即將被任命為修士，但據院長說，他缺乏團隊精神；在他應該要和他的宗教團體分享的時候，他常常跑去他的村子和他的族人一起打鼓。我做了一個文化劇，請每個文化呈現一個共同分享時刻的場景，然後請他們交換角色。結果發現，北美和歐洲人的相聚時間是坐在客廳看電視。首先我問迦納人解讀那些人在做什麼，他們說：「沒有人在家。」當我要他們交換角色時，他們說：「不要，我不要去，太孤單了。」另一方面，迦納人的相聚時間就是打鼓和發出很多聲音。院長立刻瞭解為什麼迦納神學院的學生會去他的村子打鼓，而不和宗教團體待在一起，他覺得和別人坐在一起看電視很孤單。

在 1989 年 11 月和 12 月，我開始在迦納帶工作坊，我被邀請去帶六個工作坊，從迦納南部到北方。整個方案從 Nsawam 開始，接著是 Kumasi、Sunyani、Tamale、Wa，然後回到南方，在 Cape Coast 外圍帶一個工作坊。迦納的經驗為文化劇的未來發展播下種子。

三、中醫

1993 年 10 月 6 日，在我的心理劇工作坊之後，我參觀了北京醫學大學的精神科部門，我看到他們為精神病患做針灸，同時輔以西醫療法[25]。我對於這種雙重治療非常好奇，也對精神科和中醫提出一些疑問。

1993 年 10 月 7 日，侯醫生是一位中醫學院畢業，也是北京醫學大學精神科部門的學生，過來與我討論中醫。她說：「在中醫裡沒有心理的部分，我們處理的是整個人。我們在乎的是治療情緒，情緒是心理的議題。我們根據金、木、水、火、土五行的理論，以情治情。五行與五臟六腑有關：五臟是心、肝、脾、肺、腎，六腑是大腸、膽、胃、膀胱、小腸與三焦[26]；五臟是陰器官，六腑是陽器官。」

我被五行的理論迷住了。雖然我在研究中國哲學時對此略有所聞，但它對我來說仍是一個謎。我以為那是中國古代的一種秘傳的理論，而且我從沒想過五行與人類內在器官會有關聯。後來我明白陰陽、氣與五行的理論是整體觀的中心，它們解釋了進化的歷程，以及現象界與人類內在器官的互相關聯性。

我知道如果我要完全瞭解中醫，就必須研究這些理論。首先我要找出何謂整體觀，以及侯博士所說的「我們處理的是整個人」這句話是什麼意思。過去十年我埋首苦讀傳統中醫，在 2000 年 12 月「世界傳統醫學第五屆大會」上，我將中醫整合在心理治療歷程的論文得到了傑出成就獎。這對我非常重要，我覺得我已被傳統中醫的同行接受與認可。我一直想要整合我的所學與經驗來創造一個醫療歷程，這個整合就是稱為「易術」這個

治療歷程的創作成果。

四、氣功

　　1993 年 10 月 13 日，當我在南京神經精神醫院帶領心理劇工作坊時，我在當事人以畫圖來表達感覺與影像之前，先用音樂、自發性的舞蹈與動作來暖身。成員說我用的是氣功；他們一大清早把我帶到公園去看氣功練習，也警告我練氣功會有的危險，以及可能會造成的心理崩潰。我非常地好奇，從此開始用傳統中醫的氣功來探索治療，並且與不同的氣功大師們研究學習。

　　1999 年 6 月，我有機會為吳慎大師做翻譯。吳大師的專長是音樂氣功。他在佛羅里達的 Orlando 之迪士尼醫院進行癌症研究，用氣功治療癌症病人。我發現吳大師在練氣功時，他隨著音樂自在地擺動身體，這的確跟我在南京神經精神醫院所做的暖身活動很像。

PART 2
易術的發展

鴻漸于逵，其羽可用為儀

～《易經》第五十三卦～

神韻　作者繪於 1976 年 5 月

序言

　　易術是我個人邁向完整一途的學習歷程。它教導我唯一能整合我生命中那些分散部分的方法，就是順著改變動態，與生生不息的歷程──與宇宙治化的流動合一，別無他法。早年喪親，我覺得處處無家處處家。

　　易術希望能在這個分裂與瓦解的世界中創造和諧與平衡。整體性、自然性與自發性是易術的實踐中最重要的考量。易術創造性的歷程引導個人或團體打通能量阻塞，以達到自發性、自然性與完整性，以及在個人內在、人際間與超乎個人之上，達到元、亨、利、貞的平衡與和諧。

　　易術是將東方與西方的治療歷程整合成為一個有機與統一的歷程。它的理論基礎是整體觀、道的自發性與自然性，以及《易經》的理論。它受到以陰陽二元一體來看世界的想法所影響。易術的理論與實踐說明了過去三十年我所累積的學習經驗。我研究過中國哲學、繪畫（中國與西方）、文學（中國與世界）、太極拳、氣功、藝術史（中國與世界）、藝術治療、完形治療、心理劇與傳統中醫；我也學過基數、生物能、心理綜合學、心理觀想，以及導引式想像法。

　　易術融合了東方與西方的療癒歷程。這樣的整合引起一位同僚問我：「妳在做的這個東西叫做什麼？」我當時覺得被冒犯而變得很防衛，我回答說：「當然是心理劇啦！我是一個國際知名的心理劇家。」但從此這個問題縈繞在我心中多年。有一天我突然恍然大悟，這是西方思考與東方不同之處，她的問題代表了西方笛卡兒思想要將事物區分的文化傳承。但我的治療工作不是一種技巧或機械化的形式或者一個公式，它是一個創造性的歷程；就像生命本身，它是不斷改變與流動的，它是隨著人們創造性體

驗而變化與轉動的。

有一天一個朋友對我說：「既然妳的工作不能歸類到任何一個現有的心理治療，妳該給它取個名字了。」我們腦力激盪了一會兒，很快地，我想到了「易術」這個名詞。將這個創作歷程稱為「易術」，是最佳的答案。易是取自《易經》，因為這個理論與治療的歷程，多數是直接與間接受到《易經》的影響；是《易經》一直在教我要隨順道的歷程，隨著時間起落。

C h a p t e r 04

易術的理論基礎

　　易術的理論基礎主要源自中國。影響我的主要哲學思想來自道家的自發性、創造性與自然性，以及整體觀，和《易經》的陰陽說與五行論。自古以來，在中國人的生活中，這些哲學概念就無處不在。

一、整體觀

萬物都共享著同樣的呼吸。

岩石的頂端，

青草的汁液，

小馬的體溫，

還有人類，

都屬於同一個家。

～Seattle 酋長～

（一）中醫裡的整體觀

　　中醫從《易經》裡擷取了整體觀的哲學。整體觀的理論將宇宙視為一

個有機與統一的整體；它強調人類的身體不僅本身是統一的，它與自然界也是不可分割的。個人、社會組織與自然界組成一個有機的整體，這個有機體是永不止息的。它依照循環的法則，從黑暗到光明，從陰到陽，然後又倒過來。流動的本質就是陰陽兩極的交替；而流動的歷程則存在於自然界的變化中，並且對在其中的社會組織與個人有所影響。

能推動現象界之元素，並維護人體活力與健康的宇宙能量稱為氣 27，宇宙能量的走向不斷驅使兩極交替而滋生和諧與平衡。

整體觀的理論也考慮到了人體內的五行；以及調節人體內氣動的三焦經。

1.身體本身就是統合的整體

人體的組成包括內在器官、組織與骨骼。每一部分都好像是個人生命歷程中所組合的小分子，在人體內形成一個整體，它們不可分割也相互牽制。人體內部器官不僅構築了一個完整的個體，它們也與五個季節有關：春（肝）、夏（心）、長夏（脾）、秋（肺）、冬（腎）；與五行相連：木（肝）、火（心）、土（脾）、金（肺）、水（腎）；與五個方位相繫：東（肝）、南（心）、中（脾）、西（肺）、北（腎）；與五色相行：青（肝）、赤（心）、黃（脾）、白（肺）、黑（腎）。它們以經絡相連。

Candice Pert 在她的研究中，確認身心是相連的。她發現神經縮氨酸（neuropeptide）與其接收器不只在腦部，同時也在身體的其他部位，包括內在器官以及我們的皮膚表層。

……記憶不僅儲存在腦部，也儲存在延伸到身體的身心網路中，

……它不僅分布在脊椎裡與其周遭，更擴散到內在器官以及我們
皮膚的最表層 [28]。

她用「移動式大腦」一詞來形容身體中的身心網路。她發現神經、荷
爾蒙、腸胃，與免疫系統都經此網路而彼此相連。

……「移動式大腦」這個名詞是身心網路的最佳用語……網路中
的每個區域或系統……都經由縮氨酸與其接收器彼此溝通 [29]。

Pert 博士的身心網路與她的移動式大腦之說，讓我想到：傳統中醫裡
所說的「經脈」是否就是她所說的身心網路？而「氣」就是指揮者？莫非
「氣」就是那個將訊息帶到腦部與身體各個部位的指揮者？西方科學花了
五千多年來證實傳統中醫的整體觀理論？Candice Pert 是第一位驗證身心
連結之分子說的科學家。牛頓的科學與笛卡兒的思想將人類的經驗劃分了。

我和我的哥哥龔鐘博士討論過「氣」，他是在哥倫比亞大學接受應用
機械學訓練的科學家。鐘將「氣」視為一種生理電／磁場，它會受到周遭
的電／磁場的影響。關於人體中電磁場的改變，他以著名的 Maxwell 方程
式來解釋。磁場的振動產生電；同樣的，電流產生磁場。因此人體走動或
肢體揮動，都會讓身體內的電磁場改變；動作會產生並重新分配體內的電
／磁場。

運動與情緒起伏都會對血液流動與生化反應造成影響。血漿帶有電解
質，血流自然會影響到磁場，若能將體內的活動同步化，就會產生益於療
癒的效果。轉變電磁場域也就會產生電磁場的能量，而能量就可以成為熱
能、機能或電能 [30]。

　　我開始猜想氣功大師就是用這種方式用氣來為人治病，例如吳慎博士[31]，這位音樂氣功大師用「氣」來治療癌症病人。核磁共振影像（MRI）曾記錄以「氣」治療前後的結果。

2. 人體本身就是整合的小宇宙

　　傳統中醫認為人類是屬於這個整合且有機宇宙的一部分。宇宙與周遭自然界的移動與改變，對人類身體有直接或間接的影響，人體對季節與氣候的變化會有反應。中國人是第一個指出我們現在所說的生理律動現象，傳統中醫的核心觀點是整體觀，所有生命體都要配合生理環境的改變與移動。中國有一句話說：「宇宙與自然世界和人類的意識是相連的，也就是天人相應。」次原子物理的量子相對論（quantum-relativistic）模式也指出：「宇宙是一個有機的整體。」Fritjof Capra 說過：

　　在現代物理學中，宇宙被看待成是一個動態且不可分割的整體，
　　的確有個觀察者在其中。在這樣的想法中，以前所謂的時間與空
　　間觀念，獨立個體的觀念，以及因果觀念，都不再有意義了。無
　　論如何，這樣的想法與東方的神祕之學非常相似[32]。

3. 宇宙歷程的陰陽說

　　　　　　　　萬物負陰而抱陽，衝氣以為和

　　　　　　　　　　～《道德經》第四十二章～

　　陰陽說是整體觀的一部分。在中國宇宙學中，陰與陽代表了兩股相反

又具動態的基本力量在宇宙中運行不息，而且彼此互補。這些力量與五種元素（即水、木、金、火、土）有關，而其中每一種元素又都有它自己的特性。

　　陰與陽的另一種解釋就是陰影與太陽。陰陽的說法要回溯到西元前三千年，這兩個相反的力量同時存在於一切事物當中，兩者的互動是物體創造、發展與轉化的基礎。《易經》用實線與虛線，也就是陰（--）與陽（—）在卦中所用的符號，來代表宇宙歷程與人類事務的複雜性。這些歷程的基本法則就是陰與陽二者相互轉化。

　　陰與陽的歷程可以簡單地敘述如下：對立，互依、消長與轉化。

（1）陰陽的對立與互依

圖1　陰陽

　　在自然界的所有事物與現象都包含了相對的兩個成分，例如：天與地、內與外、動與靜、入與出、日與夜、冷與熱、升與降，這些都是相對的。在陰陽論中，天是陽，而地是陰；外為陽，而內為陰；動是陽，而靜是陰；出為陽，而入為陰；日是陽，而夜是陰；熱為陽，而冷為陰；升是陽，而降是陰；脈強為陽，而脈緩為陰。陰陽存在於所有的事物與現象之中。

　　陰陽不僅對立而且也互相包含，二者無法單獨存在，例如：沒有地就沒有天，反之亦然；沒有外面就沒有裡面，反之亦然。這種共同存在的關係就是互相依賴。傳統中醫將運行歸於陽，營養則屬於陰，且二者無法單獨存在。如果腸胃或其他器官不運作，則飲食無法被消化或吸收；而如果長期不供應食物，則器官亦會停止運作。

（2）陰陽交替

　　陰陽不斷相互為用，氣候由熱變冷就是陰陽交替最佳的例證。此陰陽交替的變化就稱為陰陽的消長。當冬盡春回，天氣漸暖時，我們稱之為陰消陽長的歷程。而由春轉夏時，也是陽長陰消。

　　本書在第五章「傳統中醫論及易術的治療基礎」，將會對陰陽的理論有更詳細的說明。而在述及易術的歷程時，本書也會提出詳細的個案報告。

4.自然界中的五行學說

　　　太極一氣產陰陽，陰陽化合生五行，五行既萌，隨含萬物

　　　　　　　　　　　　　　　　　　　　～河洛原理 33～

　　五行學說是整體觀理論中一個完整的部分，而此說也普遍地存於中國

文化的生活當中，並且與陰陽論並存。

中國人認為現象界由五種物質元素（水木金火土）組成，這五種元素運行不息，因此也稱為五行；它們彼此相生相剋以達到平衡與和諧，它們的運行與互動可以用來解釋整個物質世界的現象。如表 1 所示，這五種元素在顏色、味道、季節、天氣、成長歷程與方位上的呈現：

表 1　自然界的五種元素

五行	五季	五氣	五化	五色 [34]	五味	五方
木	春	風	生	青	酸	東
火	夏	暑	長	赤	苦	南
土	長夏	濕	化	黃	甘	中
金	秋	燥	收	白	辛	西
水	冬	寒	藏	黑	鹹	北

五行彼此之間相生、相剋、相乘或反侮。

其相生的順序為：木生火：鑽木可以取火；火生土：物質受火燃燒為灰土；土生金：金屬從土地中提煉出來；金生水：金屬溶化成液狀；水生木：木賴水灌溉以滋養。

其相剋的順序為：木剋土：木能吸取土中的養分；土剋水：堤防可阻水之氾濫；水剋火：水能滅火；火剋金：火能熔化金屬；金剋木：金屬可劈樹木。

五行中每一元素都能生與被生，生者稱為母，而被生者稱為子。經由相生相剋的歷程，五行保持內在的平衡與和諧，萬物得以正常的生長與發展。

然而，當五行之一過盛或過衰，會引起生剋制化異常，稱為相乘或反

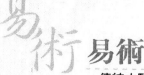

侮。這種情形發生在當一個元素剋另一個元素，而後者虛弱時。例如：當木過盛而金無法正常地剋木時，則過盛之木會使土衰弱。這種現象就是所謂的相乘。

反過來說，在反侮的情形中，某一個元素過於強盛，本來剋它的那一個元素會反過來被它剋。例如，正常時金剋木；但如果木過盛或金不足，木會剋金而非被剋。

（二）完形治療中的整體觀

在西方心理治療的傳統中，人格理論通常有兩個功能：描述一個人現在的樣子，以及解釋如何或為何他變成現在的樣子。這些解釋的概念指出了是什麼阻止一個人改變或被經驗改變。心理治療認為這種方式是一種歷程，它的設計是以有意義的方式有效地改變一個人的行為。心理治療所採取的有效之改變技巧往往以其人格理論為依據，而其主要目標在於誘發一個人學習新的方法去思考、感覺與表現。

這樣的人格理論相當重視一個人何以變成他現在樣子的原因。在完形治療中，人們無法找到一如心理分析論、發展論、學習論或認知論中之人格理論。事實上，不管是 Hall 與 Lindzey，或 Southwell 與 Merbaum，在他們的書中都不把完形列為人格理論之一。完形是存在主義與現象學導向的，完形將每一個人視為一個獨特的「蛻變中的個體」。一個人是不斷地在發展且趨於完整；每一個人都在塑造他自己的完形。身為蛻變中的個體，人是會不斷地改變與發展，不斷地蛻變。完形治療師將人類的存在視為是一個在創造中，且總是處於當下的延續狀態。因此，完形無意於探知隱於目前行為背後的遠因，並非它不想知道其中的變化如何，而是因為它更有

興趣知道人們如何處於此時此刻，進而能「促進人類的成長並發展人類的潛能」（Perls, 1969: 2）。

完形治療取向源自於完形心理學。Fritz Perls 為推動完形治療的核心人士之一。在他的治療取向中，他不僅看重在當下的有機體，更是視它為完整的個體。他的核心觀點是根據 Goldstein 的有機體理論。根據 Goldstein 的說法，有機體是由不同且互相連結的成分所組成的，在正常的情況下，這些成分不會獨立作業。完形也受到 Kohler、Koffka 與 Wertheimer 的感知理論影響；如 Perls 所說的，並認為「人類不會把事情分開來看，而會將之組合在一起，做出有意義的解釋」（Perls, 1973: 2），這是一般人的常態行為。

在擷取了有機體與感知理論，Perls 認為有機體是以整體在運作，不只是在其有機體內部運作，同時藉此有機體參與其情境中而促成一連串的行為。Perls 認為人類是整合的有機體，他甚至說心理與身體活動是同一回事。Perls 將心理活動定義成全人的活動，它以低於身體活動所需之能量運作：

> 有機體對他們的環境以或大或小的強度做出行動及反應，當強度變弱時，身體的行為轉變成心理的行為。（Perls, 1973: 13）

Perls 的整體觀是場域主張之一。他將個人視為其環境中恆久存在的一部分，在某些指定的行為及其所處之情境之間，存在著一個無法切割的結合體。Perls 強調的不只是身心，也強調內外一體；對他而言，一個人是被內在或外在的力量所駕御，實在是無關緊要，也沒有意義，因為兩者的作用是不可分的——有機體只要有部分的改變，整個有機體都會受影響。

Perls 認為個人與其環境之間有一個接觸的界限（contact bound-ary），而此界限詮釋出他們之間的關係。Perls 說：

> 所有的接觸都是有機體創造性的調適……接觸是形成喜好的圖像，將圖像與有機體／環境場域的背景脈絡中，區分開來的結果是同化與成長。圖像（完形）在覺知中的是一種清晰、鮮活的感知、影像或洞見；在動態的行為中，它是優雅、有活力的行動，帶著韻律、流暢的感覺等等。（Perls, Hefferline, & Goodman, 1951: 230-231）

無論是在生理上或心理上，有機體的需求與能量和環境的可能性都在圖像中結合為一體了。接觸構成完形的形成；抽離代表它的結束。Perls 相信，對一個神經質的人而言，他的接觸與抽離功能都是混亂的。這個神經質的人會發現他面對一大堆未完成的完形（Gestalten）。Perls 認為接觸與抽離的步調是由需求階層決定的。主導的需求通常會從整個人格的背景中突顯出來，成為前景或圖像；而有效的行動會被指示來滿足這個主導的需求。一個神經質的人無法意識到他主導的需求，或無法以一種能滿足他主導需求的方式來定義他與環境的關係。神經質的人會造成失功能的接觸與抽離的歷程，從而扭曲了原本完整的有機體。

根據 Perls 的說法，自發性的、有機的自律行動比神經質的行動更明快、有力和敏銳（Perls, Hefferline, & Goodman, 1951: 275-277）。神經質的經驗也是自律的。但神經質自律行動的特徵是「過度謹慎、注意力固著，而且肌肉隨時準備要做出某種特定的反應」（Perls, Hefferline, & Goodman, 1951: 276）。在神經質的經驗中，能量是被束縛在未完成的事

件裡。

完形另一個重要的概念是受到了存在主義的影響，存在主義強調「此時此刻」的覺察——對環境立即性的自我感知。神經質的人無法聚焦於當下的經驗，因為他長期背負著過去未完成的情境（未結束的完形），他的注意力至少有部分被這些未完成的情境所占有，他既沒有辦法覺察也沒有能量來完全體驗當下。

Perls 指出，焦慮是官能症普遍的因素（Perls, Hefferline, & Goodman, 1951: 231）。他認為焦慮會干擾創造性成長的興奮，和限制創造力的彈性發展歷程。同時焦慮阻礙了成長與自發性所意味的那種對未來的開放態度。Perls 相信「焦慮只是從現在到未來的張力」（Perls, 1969: 47）。關於焦慮，他說：

> 譬如說，如果我問「誰要上來這兒處理？」你可能會很快的開始預演「我要做什麼？」之類的。當然你可能會害怕上台，因為你離開了現實的此刻而進入到未來。（Perls, 1969: 47）

整體觀最主要的觀念，也就是「此時此刻」，強調「如何」比「為何」重要，同時「此時此刻」也構成檢驗覺察的依據。Perls 非常相信他所謂有機體的智慧，他相信健康成熟的人是可以自我支持、自我規律的個體。Perls 認為需求層級原則永遠都在個人內運作，如果一個人的中心是在「此時此刻」，如果他每時每刻都能覺察到自己的經驗，那麼他最緊急的需求，最重要的未盡事宜，一定會浮現。

由上所述，我們可以推說，覺察本身就具有療效。如 Perls 自己所說的：「我認為知道這樣的事很重要：覺察本身就具有療效」（Perls, 1969:

16）。Perls 鼓勵人維持一種持續性覺察──去覺察個人每分每秒所經驗到的。這個持續性的覺察是很難維持的，很容易被一些不愉快的事件所打斷。在覺察中斷以後，接著就開始有一連串的念頭、期望、回憶以及聯想，一個接一個。這些聯想並非真正的「此時此刻」之體驗，反而會阻礙一個人修通不愉快的覺察，停滯在一個未完成的情境。這個無法體驗的「此時此刻」，僵化了圖像與背景的自由流動轉換。

所以，完形治療的目的，是在維持病人或當事人處在持續性的覺察中，幫助他發現並完全地覺察每一個真實的經驗。這個持續性的覺察能促進治療的成熟度與成功率，以及內在衝突的解決（Perls, Hefferline, & Goodman, 1951: 30-135）。

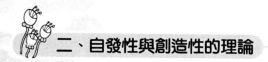

二、自發性與創造性的理論

人法地、地法天、天法道、道法自然。

～《道德經》第二十五章～

（一）現象學觀點

「自發性」（spontaneity）一詞與純然體驗（pure experience）或純然覺察（pure awareness）常會交替使用。在思及覺察的本質與功能時，我們會習於以現象學的角度來思考。所謂現象學的方法，一方面是對現象的描述，另一方面則是回過頭來澄清意識的結構；我們同時描述意識的顯現、結構和功能。現象即是顯現，而且是意識中的顯現。現象學的方法既

不是所謂客觀的,也不是所謂主觀的;現象學的方法是一種充分、完整地面對現象本身,如其所是的來顯現其自身的一種態度。想要覺察我們自己意識的本質與結構是一件相當弔詭的狀況,因為當我們宣稱要驗證我們的「覺察」時,我們也同時進行著「驗證」。跳脫此弔詭的唯一途徑是完全專注於瞬間流逝的每一片刻,並且要知道我們的反思是靜止的。

意識的結構有兩個不同的面向:其一是純然覺察或自發性;其二是反思覺察(reflective awareness)。自發性是絕對地純然覺察或前反思覺察(pre-reflective awareness),它沒有反思、概念、判斷、記憶、期盼……等等所有源自於過去經驗的產物。理想上,在純然覺察,或莊子名之為「真境」,亦即自然的狀態時,過去經驗是沒有任何作用的,雖然我們會很仔細地去體察每個當下的實質所在,依反思覺察的觀點,我們可以把純然體驗說成「前反思」(pre-reflective)或「非反思」(non-reflective)的覺察。

在純然覺察時,無法將觀察者與被觀察者切割,沒有所謂的距離感,也沒有離間或衝突。不會想到要釐清關係、距離或恪遵的價值觀,只有當下那個樣子。「成為」(to be)與「呈現」(to appear)合一,顯現出來的即現象之本然。黃檗禪師用「在你面前的一切即是所有的一切」說明了純然體驗。雖然我們在述及純然體驗時會特別強調「此時此刻」,但其實純然體驗是無關乎空間或時間的。

在此體驗中,理性的思索不再,只取所見,不多一分,也不少一分。只取所見的意思是說,在一開始就只依感受而取,不以抽象的討論來擾亂自己[35],就有如佛教中所謂的「直觀」,此與佛教所謂的「現量」類似。

在前反思的覺察時,我們直接地看著每個時刻、每個變動都是創新的

現象；每一片刻的每件事情都與其他事情綿延、互依地變化著，以趨於一個和諧平衡的狀態。現象學者和佛教密乘行者同時指出：人人都具有「狂喜出神體悟」（ekstatic realization）[36] 的潛能。我們總是處於變動之中，總是在漂泊與流動，永遠不可能將任何事物、自己或他人抓住或留住（Guenther, 1971: 155-170）。

就純然覺察和人類潛能的關係來看，我們會發現健康的人是能和他人、環境及自己建立良好的關係，能完全地投入，也能存在每個片刻的當下。無法完全投入在每一個時刻，則我們的自我、身體與所屬世界就會不見，而難以融入在一個明亮的存在之流中。「完全投入」意謂著，要能以開放的態度去體驗，並與此相融：是自然的、完全覺醒的，是與此地此刻完全協調的。這樣的覺察如同禪宗所謂的「無心」，或 Perls 所謂的「持續性覺察」。

當然，沒有任何「方法」可以進入純然覺察，因為方法總隱含著培育與訓練。Krishnamurti 說：「要問如何放空，這是在找方法，而這又將自己的心給牽絆住，無論對或錯，所做的努力都放在追求成就與我……其實只要觀看，就是單純而已」（Krishnamurti, in Ogilvy, 1973: 635, 637-638）。

浸淫在前反思的相反境界則是反思的覺察，是說當下經驗會因與其經驗的分析或記錄交織而產生干擾。純然體驗被記錄所影響，並交融在一起，或者有時因為分析而被扭曲了。不管是概念、情緒、想像、評價或簡單經驗，從簡單到複雜的記憶都有可能；發生在當下的經驗被記錄，然後儲存成記憶，就連時間和空間的非常經驗也依序記錄，並以序列形式匯聚在一起。而每個時刻與每一個片段的經驗也是依此歷程建構出一個主體感。例

如：聆聽任何規律的聲音——汽車過街、飛機劃過天際，或空調設備；如果聽得夠仔細的話，一個人可以聽到一系列的聲音。這是由新穎且不同的每個當下之片刻接著片刻的聲音所連續形成的結果，伴隨這個過程的是一個人對這些片刻的記錄，每個聲音在意識中留下最輕微的印記，而後融匯成一個單一的經驗。而每一個單一經驗再匯整成系列的聲音，也就是汽車聲、飛機聲，或空調聲。

要能單純並全然地去體驗而不去將之排序，就是處於純然體驗中。當記錄此經驗時，要將此經驗佇足在心中，就構成了反思覺察的歷程。之所以叫做反思，是因為記錄的不是事物本身，而是人們昔日飛馳的每個經驗之心理反映，這些心理反映就建造起一道簾幕，橫阻在飛馳又流動的世界與我們之間，因此禪師勸告我們「掀開幕簾來看這個世界」（Suzuki, 1962: 81）。

當我們以反思取代覺察，知者與被知者就被區隔開來，而成為一個自我經驗的主體。人們所做的反思經驗也就成為其印記的觀看者，這個觀看者能看到對自身有重大意義的當下所存在的真實。如果我們在它已消逝之後才去反思那個存在的時刻，想要去探索其意義，我們就只能遠遠地看著意義深重的這一切了。緊隨著經驗之後，直覺的內容一變而為理智。這個意思是說，理智只能在一段距離之外來描述經驗，而它已不再是活生生的真實體驗本身，我們只看到那個時刻、記憶、經選擇的記錄重新組合，以及那個時刻和所認為的意義之建構。那樣的意義近似沒有生命的事物、一個二手的訊息片段，以及那稍縱即逝的重大價值不再，因為這一切只有在有感覺的情況下才算是存在的。

這些累積的經驗有時候會被修改並融入於現在的經驗，因此反思覺察

總是將那本身已不存在，且已經建構於現在或未來意識中的經驗進行資料編輯。我們可能全神貫注於其中，以構築出期盼中的未來，篩檢、過濾和解釋現在的經驗，進而更能掌握以更加符合個人的自我需求。然後我們處於純然覺察亦即純然體驗中，先是反思建構，然後處於真實情境，經由建構的歷程去體驗並做篩選。所有的這一切也會融入在一個整合且可掌控的整體，並與昔日的理念相符。正如 Pirandello[37] 曾經寫過的台詞：「你認為如此，那就是如此。」

St. Augustine 在《懺悔錄》中對時間經驗的觀點頗值得參考。我們所有的覺察都是對現在的覺察，但是我們所覺知的這一切，可能只是對過去、現在或未來的時間所做的建構。而此等所建構的具有創造性的活動也總是處於此時此刻當中。St. Augustine 曾以存於當下、過去與未來的想法說明此點（St. Augustine, 1961: 288ff）。他提出三個不同的當下：現在的當下、過去的當下，以及未來的當下。Dickens 在《聖誕歌聲》中用大寫來隱喻書中的精靈角色，其中有過去、現在與未來三種聖誕精靈。

容我先做一些說明：活在當下的經驗絕對不會對它本身有所覺察。而顯性覺察（explicit awareness）則是對活生生的經驗所做的反思。舉例來說，當人們在喝茶時，他所建構的自己既非那個喝茶的客體，也不是在任何時刻都處於靜止狀態的人。人們是在流動狀態下的生命體，也可以說，人們只能隱約地覺知他們在實現自己的意向。

如果我們很清楚地覺知我們喝茶的動作，那我們就可以把自己視為是一個客體，只是從某一個角度來覺知自己。我們可以覺知自己舉手和拿起杯子來的每一個當下，也可以間斷性地覺知自己。我們會用各種方式來覺知一個現況，或者是一個精心打造的現況，而這一切也都是根據我們的反

思，或者是我們那不完全且有所偏頗的覺察。這些現況在體驗時，彼此之間並無相關，他們只是在前反思時刻，或非反思覺察的動態中有所關聯。我們隱約地覺知到我們自己的過去－現在－未來。在此融合成為一個混合體的過程中，無論是正在變化或部分未變的自己，我們不屬於其中的任何一部分。我們經由喝茶去隱約地覺知我們正處於時空的變動中。

喝茶對我們而言，是在顯現一個建構出來的整體，它是一個將過去－現在－未來融合在一起的，一個相當完整且整合的經驗，但是不必然就是在純然覺察或純然體驗中所發現到的前反思的整體。

由上例我們可以看出，人類對時間的經驗存在雙重結構：靜態時間和動態時間；一個是前反思覺察，時間流逝由過去到未來，或從未來到過去。就靜態這一點來說，每一刻被反思地視為分隔的單元，即從過去到未來，在以前、現在和以後的系列中的獨立單元，每一刻的記錄被凍結到經驗圖像系列中；它們實際的內在關聯必須以前反思覺察建立起來，這就是生命之流的動態時間。

進一步來說，喝茶的實際行動是「解渴」這個意圖的具體呈現，這個意圖指向未來，直到我們的意圖滿足了「解渴」。我們前反思覺察到我們生命體處於向後流動的時間整體，每當我們朝向「解渴」往前踏出一步時，我們也暫時地朝向過去踏回一步，直到我們得到我們所要的，這就是一個真實的狀態。當我們不再有此意圖，我們也不再建構出此行動。

空間也是被個體以前反思視為整體。「此地」（hereness）是一個空間整體，但是不是空間當中的單獨或靜止系列。「存在此時」（Being here）是個人空間呈現的連續完整的動態經驗，用現象學的時空架構來解釋任何生命經驗中的空間—時間結構頗為理想。任何人類的行動並非只是

出現在我們覺察中的動態現象，它也是鮮活的經驗。一個行動者所做的行為，是一個在不斷行進中的樣貌，是一個系列，也無法去測量每一個時刻；而此動作即時的前反思覺察也因此是個體內在的活動經驗。

在日常生活中，只要他／她不會把自己與其行為分開來，行動者會讓時空處於持續的狀態。只有在前反思層次，身體的動作才能維持空間的整體與時間的連續，而行動者能夠不破壞此整體性與連續性，他就不會將行動中的身體視為一個客體。

茲以「愉悅」為例，說明身體動作的前反思覺察。一個愉悅的人會以大笑、開朗、安祥或輕快的步伐，很自然地表現出他開心的樣子。沒有人會先反思地覺察到自己的快樂，然後才有意識地去表現在其身上；我們只是在我們有所行動時，才能從我們的動作中，隱約地覺察到那個完全的我；只有當我們隱約地覺察到，這些動作才算是展現全部的樣貌，而個人則是此動作的核心所在。處於前反思層次狀態下的人，他不會預期也不會回頭查看這個動作的流動。當人們對這些動作有所反思覺察時，則此人就陷入於固著在某個時刻或者是其前後的那個片段中。

處於某個時刻的前反思覺察，就是處於一個動態中，正在形成某個形體的經驗。前反思覺察就在每個動作的生命體驗中，它不需要刻意地培養。要達到此境界，只要做到不反思、不分析、不解釋，以及不下判斷即可。Herrigel 在《射藝中的禪》一書中，就明確地說明了反思覺察，他的射藝禪師就曾對他說：

> 因為你沒有把自己放下，所以才無法適時地射出。……你的
> 手沒有像那熟透的水果的皮一樣地迸開。……而你那過份執著的

心使你無法突破，你用想的方式叫自己不要這樣做，這是不可能發生的。（Herrigel, 1964: 50-52）

正如一位舞者對他的動作，要去反思覺察這些動作在時間、空間與其質感上的樣子時，舞蹈就會因為這每一個反思時刻而支離破碎。因為去反思這個動作，使舞蹈成為一個客體，而舞蹈的空間感與時間感也因此而失去了其內在的整體感與連續性。當舞者想著要有平衡，平衡就沒了。他的反思覺察使之與其舞蹈的空間整體感和時間連續感分開，他不再能與他的舞蹈合而為一了。

如前所述，反思覺察將我們視為一個客體，Suzuki 將之稱為「外求」。在其中，人們可能會覺得不安全，因為他們將這個世界看成是由不相干的部分所組合，將時間視為不連續，將空間視為沒有整體感。人們會覺得時間是不完整的，而想要將時間納入於一個可控制的完整場域中（Suzuki, in Ogilvy, 1973: 577-578）。

藉由反思覺察，知識得以累積。反思覺察在學習過程中是有其特殊功效的，它能幫助人們在創造的過程中，去進一步地發展其創造技巧。而人們作為當中的反思覺察，也將使他們對未來有所領悟，並且使之對此等作為是如何演變，產生清晰的認識。一個特定關係的反思覺察，有助於去省思在其間的關係中所存在的某項深具意義的內涵，並建構此關係。

在這裡所要面對的挑戰是，要如何在真實的經驗時刻去做反思覺察，而且又不會干預到生存遷移的動態變化。在觀看時，不要去打擾或做價值判斷；能夠去感謝每一個時刻或每一個空間，讓這一切都能自然且流暢地存活著。

　　Suzuki 將此沒有干擾的前反思覺察視為內求。此法在於：取其所是，如其所見……（Suzuki, in Ogilvy, 1973: 581）。道家的空、心齋、無為與為無為等法孕育出生命的所有經驗。而此不干預即是自然。

　　未解決的創傷經驗、受挫的基本需求、父母的關注不足、以壓抑或不當行為表現……，這些都是在早期經驗裡學到的「被卡住」的例子，他們可能會在不知不覺中介入我們的日常行為，而阻礙了自然的成長，並引發身體上、情緒上、心理上和精神層次上的問題。一旦創傷經驗登錄在記憶中（我們一定會記住，這會對個人的整個行為造成影響），它們會形成簾幕——一道反思的建構將經驗者與實際情境隔離，他／她透過這道簾幕來看相似的情境，而阻礙了他／她的覺察與自然反應。因此，這些卡住是根源於過去經驗，把我們的注意力從現在拉開，引導到未完成的過去，或者是想要的未來。

（二）禪宗與道家論自然

　　對道家和禪宗來說，自然即創造，因為自然就是一個創造的過程。它可以用現象學的說明為個人非干預的、完全當下的生活，達到此時此刻的境界。以道家來說明自然與創造的觀念就是真人的生活。

　　為了對道家真人的理念有更好的理解，人們就該去驗證道家的基本原則。基本上，「道」意味著路徑，而孔子通常將之界定為「為人之道」（the way of man），道家則視其為包羅萬象的首要原則，在《韓非子》第二十章中：

道者，萬物之所以然也。

萬理之所稽也。

理者，成物之文也。

道者，萬物之所以成也。

故曰：道，理之者也。

（引自 Fung, 1952: 177）

　　道家始祖老子視道是無形而圓滿，存於天地之先，無言、無質，是萬物之母並滲透萬物，道即自然。

　　老子視「道」為包含一切的首要原理，「道」永遠是自然自在的，蘊生於人即是「德」；因此，所有的生物都以自然呈現而趨於「德」，實踐其自然的傾向即是「勢」。對老子來說理想的人如同無瑕的嬰兒一般單純，但這樣的單純是經由「修練的意識過程而得的結果」（Fung, 1952: 190）。

　　道家的莊子相信如果我們遵循道，也就是順應我們自然的成長歷程，一定會得到喜樂，莊子稱這樣理想的人為「真人」。

　　莊子的真人並非單純如嬰兒，而是具有能夠穿透表面，直指核心的智慧之人。真人能在對錯之間找到平衡，並優游於禦六氣之辨。真人活在真境裡，並與宇宙合一。在此境界中，全憑理性的臆測也就不存在了。真人順應直覺，正如莊子所說的，人們愈不做理性的臆測，就愈接近純然的體驗。莊子相信真人可以發揮其德，即其本具的潛能。在他的《莊子》第二章〈齊物論〉中，對此以「是以聖人和之以是非，而休乎天均，是之謂兩行」闡述之。而莊子則將心齋 38 與坐忘視為趨於真境狀態之途（Fung,

1952: 241）。

真人常處真境。經由培育自然和順應內具的本質，真人達到「大化」與「玄德」。莊子的真人並不跳脫此世界，他接納萬事萬物，即道。而自我只是道的一部分。要化解對錯兩立的衝突，莊子的真人已超越對與錯所立之循環的道樞上。

真人是自由的，且無所取捨的，他／她能統合諸種多元的觀點以及互有衝突的想法，他／她有無限能量去順應此變化中的環境；真人並不離世，他／她並不需要逃到一個理想的世界去生活，在何時何地都能怡然自得。

Suzuki 認為真人是：「當人們達到這樣的精神層次時，他就是一個禪的生活藝術家。他不需要像畫家一般要用畫布、畫筆和顏料……他的手和腳就是畫筆，而整個宇宙就是畫布，來揮灑他的人生……所繪的圖畫就是他的歷史」（In Herrigel, 1964: 15）。

真人以全然覺察的狀態存活於真境，活於真境就是禪宗與道家所謂的創造。位於道樞，居於軸心，即是自然；此人以其所聚集的反思覺察伴隨其身，既無不干預，也不加以判斷。

▰（三）儒家論自然

孟子說人性本善，此善使人有別於禽獸。但是善性會隨著環境逐漸污染。孟母以三遷來使其子的品格不要被壞朋友所影響。孟子宣稱明辨善惡，有是非之心是吾人與生俱來的，人們只要能夠遵循良善本性，則行為方正；若不遵循其善心本性，則修道亦無益。遵循良善本心亦即遵循自然，一個人的生命行動是道的展現，而遵循內在潛能即是德，以中文則將此德性名為「道德」，一個邪惡的人就是沒有道德的人。

　　儒家的終極道德是人性的自然表達，人在世間的行為使人之所以為人而異於禽獸，只有自發性才能使人獲致其內在本具的德。心性並不只是存於認知、生理、體驗或心理層面，它還保留了道德、創造與形而上的層次。一個人的心性是道德與創造的實體，是無窮的。「知此即知天」，當一個人的能量受阻時，他也就無由了悟其創造潛能（德）。對儒家來說，道德是精神層面，存於我們每一個人的內心，而不是來自於外求。

　　能展現終極德性生命歷程的人就是真誠的人。儒家的道德是實踐的，就是生命的歷程，而非智性的探究。天是內蘊的道德原理，是宇宙的秩序，是存在的實體，是真、美、善。它可體現在每個人的生命中以及宇宙轉化裡。宇宙轉化是自然的，它是終極德性（道）的表達。牟宗三（**1996: 27ff**）在《心體與性體》中說：

> 在道德與精神混淆的今天，需要急迫地召喚人性回歸其真實、初始的善性，也就是真實的自然（truly spontaneous）。

　　另一位著名的中國古代哲學家墨子認為，人性既非善也非惡，而是中性的，只是環境影響了它。墨子說：「人性如絲，染之蒼則蒼，染之黃則黃。」他的理論似乎和 Moreno 的自我發展理論相容[39]。

　　儒家認為天命[40]召喚我們要有所啟發，並且能與我們的良知與真我在一起，我們都有責任與任務去喚醒每一個人內在的德，儒家宣稱唯有心達到空、無、靜境界的人；換句話說，也就是只有達到自然境界的人，才能夠自我了悟，只有覺悟者可接收到天命，以及執行傳布道的責任。要達到能與道之無限宇宙力量融為一體，一個人必須回到純真無瑕的狀態，即其原初本性，也就是德。當一個人達到空的境界，他／她的行動是自然而無

心機的。

對中國哲學家來說，道不是宗教，也不需要崇拜。遵循道意謂著能達到個人層次上之自我覺醒與自我了悟，達到宇宙層次的元、亨、利、貞。如前所述，這四個字代表天德及真實的美與善，是現象世界的本有定律。

▌(四) Moreno 的自發與創造理論

Moreno 相信人是社會的動物，他的自發與創造理論被認為是社會關係計量學，亦即社會科學的基石。對 Moreno 來說，自發與創造並非相等或相似的歷程，他相信「唯有神例外，因為只有在神的手中，所有的自發性與創造才是一體的」（Moreno, 1953: 39）。

如同前述的道家，Moreno 相信唯有自發才能使一個有創造力的人掌握其內在的潛能，非出於自發的創造是沒有生命的。一個人的創造力取決於他擁有的自發程度，沒有創意的自發是空的。Moreno 相信自發與創造是不同的，創造是物品，而自發則是觸媒（Moreno, 1953: 39-40），只有神的手中，這原初的造物主，自發即是創造。

人類受制於文化傳承——思想、成品或社會行為將創造者保留，並主宰了文化型態。Moreno 認為，自然的創造可以在文化傳承主宰一切之前的第一宇宙中再造；他認為嬰兒就是活在第一宇宙中，萬物本體的自然且無所傳承的個體[41]。他懊惱人類要掙扎於文化傳承中，他認為像貝多芬這樣的天才正是擁有趨於自然層級的創造力。

Moreno 將自發看待成一個相當特別的心理上存在的實體。他認為自發會經由意志而生的說法似乎出現了矛盾，雖然這種意志並非出於意識，但意志經常會成為自發的障礙（Moreno, 1983: 44）。

這樣的說法與前述之《射藝中的禪》一書中，禪宗說的未中目標的故事一般：「阻擋你的是你那過度的執著。」最好能來自於解脫，一如禪宗的解脫，是自然而生的。對 Moreno 來說，這樣的狀態既非預先存在，也不是自動升起的，它需要「暖身」（Moreno, 1953: 337）。而暖身的過程就某一個角度來說，有助於誘發自然，但卻也可能造成反制的現象，而干擾了趨於自發境界之路。

理論上來說，此反制就好似將自我分為兩個，一個是自然的主動者，一個是內在反制的參與觀察者。而此自發之狀態則常被運作中的自我監控之自我鏡照所打斷了（Moreno, 1983: 44ff）。

Moreno 的自發境界之雙重特質的觀點，正好可以和前文已經提及之現象學所謂的前反思和反思覺察觀點相呼應。Moreno 在很早以前就意識到，創造的主動者若要進入統整的自發狀態就必須打開這個僵局，並將自然主動者與反制或參與觀察者之間的鴻溝搭起橋樑。許多道家自我修練旨在趨於此等統整自然之舉，而道家的真人即為此證。

Moreno 認為自我與自發及個人掌握角色的能力有關。他假設自我因角色而生，而非角色因自我而生。角色是一種文化傳承，自我一方面經由內攝的向內歷程而發展，即自他人擷取並將之整合為自我。另一方面則是外放的歷程，即將自我退回到離心的歷程，在主觀化歷程結束之後將自我展現於外。Moreno 希望人類社會最終是在為具自發導向之個人所掌握。

另一個重點則是時間與空間的意識。此時此刻的動力狀態是 Moreno 的工作與思想的核心所在。對 Moreno 來說，創造性活動有別於制式行為，他指出創造性活動的特性如下：

1.創造性活動是自發的。

2.創造性活動會有驚奇感。

3.在產生時刻，其中將轉換為初始的真實。

4.而此活動將主動者界定為創造者。

5.創造者具體且創造性的改變了這個世界。

Moreno 把已成之創作所做的努力或成品，稱之為文化傳承。文化傳承雖然源自自發的創造過程，卻將保有恆久的樣貌。人類的創造力也會因文化傳承而隨之減少，我們必須重啟我們的自發與創造力。人類是社會性動物，因此自發與文化傳承會相互影響。甚至可以說，二者互用，且均無法以無所染的形式展現。Moreno 提出四項表現自發的特徵：

1.自發活化了文化傳承和社會陳規。

2.自發創造了新的藝術形式或環境規範，經由適當的暖身歷程，具有此等自然的人們就可完全享用其周邊的資源。

3.自發形塑出自在的人格表現，此等自發就是創意。

4.自發形塑出對新情境的適切反應，這樣的人遭遇不同的處境都能夠採用適宜的反應。

在遭遇新情境時，一個人可能採用的反應有三種：

1.無反應：人們在面對新處境時沒反應，這一點被視為是自發不足。

2.舊反應：僵化或陳舊的反應意謂著缺乏自發的要素。

3.新反應：如前所述，舊反應是因自發不足，因此新反應無由產生，而反應要能夠適切合宜；若要有創意，在面對快速變遷的環境時，彈性是絕對必要的。

反應適切意謂著價值判斷，它可能和治療師之個人、社會，或政治的價值觀有關。然而，Moreno 純以心理治療的參考架構加以考量。對 Moreno 來說，適切反應並非僅是社會允許的反應，事實上，他鼓勵案主去拓展與實現其存在的潛能。中國儒家認為適切的反應與自我的擴展有關，而此反應則是依天德而行。Moreno 的歷程似乎是更傾向於主觀與臨床的觀點。

Moreno 傾向於將人類視為創造者而非機械人，他鼓勵每一個人都能讓自己與環境人性化，就如道家與儒家所說的遵行天德、宇宙秩序、天道及人道，而 Moreno 的適切反應則較模糊和主觀。Moreno 和中國哲學都視自發是開啟之鑰，驅使個人能以不僵化而自然的態度去回應來自時空的召喚；不幸的是，自發卻總是被文化規範所阻並加以限制。

Moreno 重視創造歷程勝於創造成品或文化傳承，只有在創造歷程中自發與創造得以融合。他視創造歷程是超越性的（metapraxie），而莊子則以真境看待。Moreno 說：「超越性的內容只有在創造歷程本身」（Moreno, 1983: 35）。

Moreno 強調創造當下的時刻，他視 Bergson[42] 是一個旁觀的哲學家，而非行動的哲學家；Moreno 批評 Bergson 僅是去瞭解宇宙而沒有試圖去改變它，他認為人不去改變社會現狀就不可能真的瞭解它。他的治療實踐、社會計量和心理劇的理論都是行動取向的，如果不能實踐，則觀念、信念和價值系統都是無用的。Moreno 從上帝施展其無限自發與創造的能力獲得啟示而提出創造說。他相信人類本具有自發的能力，而此能力比記憶、智能與性慾更早產生（Moreno, 1983: 7）。

▼（五）自發與創造的功能

自發是創造和成長的基礎。對創造來說，沒有比完全投入在存在的當下，或者「去覺察與去反應的能力」（Fromm, in Anderson, 1959: 44）更

重要的了。完全覺察源自於覺察中前反思與反思兩種模式的整合。自發是前反思的覺察，它促使人去接受，並且視每個情境都是新的現象，都提供新的發現，都是新的開始。自發意謂著不干擾存在的歷程，當一個人自發時，他就如完形治療師 Joseph Zinker 所指的，能夠「去體驗圖形的精細與明晰度，而對已均質化的背景失去興趣」（Zinker, 1977: 93）。

當一個人是自發的，他就能夠將衝突與緊張視為是存在事實的一部分，而不會想要去避開它們。自發讓我們每天都能夠重生，也讓我們瞭解生命是動態的；它是在不斷變化的過程，任何靜止的片刻都只是一種幻覺。當人們覺察到這點，他們就能夠不再要求任何的「確定」；當人們是自發時，他們就能看清自己思考與行動的整個過程，在此身受的時刻仍能毫不干預地任其所行。

如同 Rollo May 指出：「真正的創造是根據覺察的強度或高度的意識界定之」（May, in Anderson, 1959: 61）。這種高度的意識是創造的根源，它是前反思與反思覺察的整合，也是個人潛能的實現。Fromm 說：「我們是否具備技巧來繪出我們所經驗的是一回事，如果對特定事物沒有先具備充分的覺察與感知，是不可能畫出一幅好的圖畫」（Fromm, in Anderson, 1959: 46）。

自發是覺察的根源，它使我們瞭解那個與世界（與人、觀念與事物）有關聯的自我所有的活動，只有當我們對我們真實的體驗有了高度的覺察，而非跳脫於體驗之外，經驗者與被經驗者才能合而為一。

能把存在的當下視為如其所是，就會達到全然的覺察，其中也包括做好準備去接納衝突。對 Rogers 而言，能對每一個當下都保持完全開放的覺察，是建設性創造的一個重要條件（Rogers, in Anderson, 1959: 75），他

的建設性創造近似Moreno所說：「自發是創造的，而不是墨守陳規的。」

自發是現象世界的前反思與非干預經驗，它使我們不僅能夠覺察到我們的思想，也能覺察到我們的感覺與動作——身心靈合一。在全然覺察中，看到的是整體而非部分，衝突止息，也沒有分別。一切任其自顯，並自然的回應，自發的反應自與情境合拍共鳴，人只是單純地投入當下情境與當下的需求——在主動我與觀察我兩者間不再有分野。

當我們完全自發，沒有期待、比較和判斷時，我們會對全然的存在與現實開放；這是沒有距離的覺察，我們能毫無阻礙地去體會當下。道家和禪宗稱其為無干預活動，即是無所求也無所思。Moreno認為這種在每個時刻的自發與創造反應，是新穎且不受限於文化傳承的。於此開放與瞭解中，成長由之而生，人與情境則時時刻刻是和諧的。情境、人與事，皆完全自我展現，由過去經驗累積導致的混雜與扭曲的心理內容物褪去，不再隱於今日的生活。當人們的意識不再被過去的經驗或未來的期待所占據，他／她便成長了。所以，唯有在人們的現在不再被過去或未來所束縛時，他／她們才能成長。

完形治療師認為擴充個人的覺察，是修復個人健全自我調節的途徑，而此覺察驅使個人能朝他／她現在的需求而努力。Latner 指出：「健全的完形歷程之前提，要能對眼前的需求與可能性有所覺察並相應，此覺察本身就是推進改變的力量」（Latner, 1973: 139）。

Moreno認為有四種阻礙存在於創造與自發的成長過程中；或者來自因角色所展示的動作；或來自其思想中所呈現的人格；或來自與其他參與者的互動；以及來自觀眾，就此而逝 [43]。如果人們能夠完全投入當下，就可以免於所有這些加諸於個人以及人際間的文化傳承之阻礙。

在Herrigel的《射藝中的禪》也可確認此歷程。有關射箭的藝術，Herrigel寫到：「他（學生）瞭解那些技術性且可學習的部分，必須充分練習。如果射箭者能夠做到完全無意也無心的地步，那麼他自然就能夠做到，而無須仰賴所謂的操縱性或反思性的智力」（Herrigel, 1964: 61）。這個反思的智力與反思的過程，將把射箭者由射箭的體驗中拉開；然而，學習射箭是一個重複練習的過程，因此，反思的過程必須隨著遞增的強度來重複，直到射箭者的身心能量可以完全的專注，這個完全的專注就是以前反思的方式來促進完全的覺察。

Moreno的選角也可作此類推。射箭者要成功，唯有能完全專注於射箭藝術之中，不去覺察那個正在射箭的自己———一種無我的狀態；在此動作中若會覺察到自我，則將使自我從此動作中抽離，而此將使自我成為覺察的客體。自發的行動與參與觀察者會打斷創造活動的連續與整合性。當反思覺察或參與觀察者沒有與前反思覺察或自發狀態整合時，如同Moreno指出的，時空的連續性與整體性就會被干擾了。

在學習的過程中要去整合反思覺察，直到經驗變成是個體的一部分或變成是前反思覺察，如此則將促發成長。Moreno把這樣的歷程分為選角、演出角色，以及創造角色———一個把文化傳承整合到個人完全覺察的歷程，只有如此，他／她才能趨於全然的創造境界。

▆╱（六）自發與創造的阻礙

一如前文所述，創造整合了前反思覺察與反思覺察———是「讓事物如其所是」（Suzuki, in Ogilvy, 1973: 581），它是由「此地」與「此時」所界定，創造的阻礙則會疏於此時，並且讓個體無法與當前整個環境有所接

觸或參與其中。

　　當一個人心思被盤據，當他將其注意力放在過去、未來、記憶、期待或其他念頭……等等反思覺察的建構時，創造性就被阻礙了。理想上，反思覺察是自然流動的，它記錄持續的當下卻不干擾它。當干擾發生，心留駐於某處，人們的注意力即無法完全投注在每一個飛逝流動的當下，下面這個禪宗的故事就說明了這一點。

　　當禪宗五祖弘忍知道自己即將不久於世，就鼓勵自覺能繼承他位子的學生，在寺廟的牆上寫一首詩。有兩首詩作於牆上，首座和尚神秀寫了一首詩，顯示他是一個熱切的修行者，弘忍認為該詩對一般人有幫助，但未能見道。

　　身是菩提樹，心如明鏡台。
　　時時勤拂拭，莫使惹塵埃。

　　另一首詩為慧能所作，他是在廚房工作的工人，是一個文盲。有人幫他把詩寫在牆上。

　　菩提本非樹，明鏡亦非台。
　　本來無一物，何處惹塵埃？

　　比較了兩首詩之後，就可以知道弘忍為什麼會選擇慧能而不是神秀做他的繼承人。神秀的詩顯示出他仍然無法擺脫要找到能達到純然體驗的方法，他的方法將反思壓抑，則使「塵埃」聚集到純然覺察的明鏡上。反之，慧能則點出無需用什麼方法就可達到純然覺察，只要不干擾自己的本性——無所造作——即無障礙。慧能給我們的啟示是：「心無所住」。三祖僧肇也

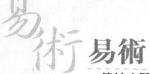
說：「至道無難，唯嫌揀擇」（Suzuki, 1960: 77），也就是說，喜惡偏好執著於心，將會阻礙一個人的全然體驗當下。

全然的覺察是創造的根源，它容許自然的反思。當注意力被固著或執著在反思的構念時，覺察就有阻礙。也就是說，反思的自然持續流動停下來，而思想、想像和判斷把人們的注意力從現在拉走。如果這些對之極具意義，或者他們變成了人們現實經驗的過濾器，覺察就被阻礙了。若人們與當下有所關聯的能量受阻，將會導致生理與情緒健康的問題、思緒分歧，並傷及其內臟和破壞其人際關係。

不管能量是聚集在過去、未來，還是反思的構念之上，我們都可以稱其為執著。執著本身可能會逐步形成或有些微改變，但基本上是以經驗的紀錄而形成某些想法，來干擾或阻礙一個人對當下的全然投入。對傳統中醫來說，這些執著導致經脈能量流的阻礙，並且會傷及內臟；執意要去找方法，想達到全然覺察，卻適得其反，這點已經隱含在慧能的詩中了。黃檗禪師也說：「你想像一個佛，你的心就被這個佛所遮蔽了」（Huang, 1958: 71）。

▓（七）阻礙的根源與影響

有機體在與環境互動時會有維持情緒平衡的自然傾向，為了維持此平衡，有機體儲備了一些特定反應。在理想的環境中，反應總是適切且與環境和諧的，但在不好的環境，扭曲的反應就發生了。不好的事件會產生創傷，未滿足的需求會變成未完成的情境，渴望導致依附，文明化使人否認自己的有機價值而去迎合他人的價值觀。這些都會導致能量的阻礙。

一個人的能量阻礙源自許多原因，這些阻礙可能隱藏於個人的文化，

或承襲自他的祖先，不管它來自身、心，還是靈，它會影響整個人。

舉例來說，一個兩歲的小孩無意間被一隻快樂友善的狗兒撞倒，這小孩馬上就有一個創傷反應。雖然他馬上被拯救並安撫下來，然而此創傷已將他當時的害怕情緒導入體內，那種因狗要舔他所喚起的害怕情緒。創傷被儲存在他的記憶中、身體內，以及心與靈中，而且很容易被長相類似原來那條狗的其他狗兒所喚起。這個反射行為植根於過去經驗，而此阻礙也正是當時的紀錄。

也可以用其他方式來說明有關源自嬰兒期、孩童期，甚至在子宮裡所造成的阻礙。如同上述狗的例子，孩子們也可能被打雷、車禍、受傷等情形所驚嚇到；或者孩子的基本需求，如食物、衣服或關心等沒有得到滿足；或者父母或重要他人壓抑孩子們自由的發展，禁止他們探索環境，限制他們的合理選擇。舉例來說，嬰兒可能被限制在遊戲圍欄內，為的是避免家庭環境中的意外或避免給予必要的注意。這個孩子會因為他的父母不允許其所引發的刺激或活動，而滋生內在的衝突；他必須不時地經歷在其個人意願與父母價值兩者間的衝突；或者，他學到將成人排除在外的行為，例如為一些小事去責難他人，甚至是不存在的想像性傷害。依照中醫的看法，這些情緒阻礙會影響到臟腑，例如：害怕會傷及腎與膀胱系統，而小孩的尿床則常是害怕與創傷的結果。

未解決的創傷經驗、受挫的基本需求、缺乏父母的關愛、壓抑不當的行為——這些例子都是早期發展可能學得的障礙。這些經驗相當微妙地，在不知不覺中深植於行為當中，並限制其自發且自然地成長，而此則將導致情緒、心理、靈性的困擾。一旦這些經驗儲存在記憶中（要記住，這是整個人自然行為的一種功能），則會抑制覺察與回應的阻礙，使人看到類

似的情境。所以，障礙常常根植於過去經驗，並使人們把注意力由現在拉開，回到未完成的過去事件，或期待的未來。

1.障礙之來源

（1）因家庭關係而生之障礙

　　人類依賴關係才能生存，即是與社會以及我們身邊的自然界關係，而最重要也最根本的關係就是家庭關係。家庭中的健康關係對自我、社會和我們地球的健康都是最重要的。

　　我們活在一個不斷變遷與發展的世界，有時候我們可能難以跟上正在行進中的快速步伐。例如：隨著變遷中的社會結構，女性在社會中已成為一股重要的勞動力，有些家庭需要雙薪才足以支持家庭開銷；或者有時角色會倒過來，太太變成主要經濟收入者，而丈夫留在家裡。有時這些角色的轉變並沒有被整合到家庭系統中，結果，家人的束縛很容易就成為引發在關係中情緒障礙之牽絆。

　　浪漫愛與荷爾蒙的衝動使一對男女共建家庭，然而無論一開始再怎麼強烈的浪漫愛，也會隨著時間漸漸消退。另一方面，真愛是散放自由、平靜、和諧和歡樂的，是沒有所謂的討價還價，卻是自然又自在地給予；真愛是無私的，是不求回報的給予，沒有「應該」與「不應該」，更不是以強壓或威嚇的手段來掌握他人。真正的親密只能滋生在自然展現的真愛裡，不可算計或操控。如果我們阻礙了我們的自發性，我們與他人就不可能建立真正的親密關係。

（2）源自兒時的障礙

兒時經驗對個人的情緒、心理、社會與靈性健康是非常重要的，不論是正面或負面，在兒時發生的事件總是深印在個人的心中。若兒時在不健康的環境成長，曾飽受欺凌的創傷經驗是不會消失的，而是隱藏於人們顯性覺察之下。甚至，孩童會內化其照顧者不健康的態度及行為，並有樣學樣；他們也會尋覓有類似行為特質的人做伴侶，不健康的行為模式就是如此這般地綿延不絕。

舉例來講，中國人最重視孝道，小孩必須無條件地服從與尊敬其父母，他們絕對不可以挑戰父母的權威，必須遵從父母的意願，他們還要維護家庭的好名聲與家產，也不能讓家人蒙羞或沒面子。

在「健康」的家庭裡，做父母的，尤其是母親，總是無條件地關愛其子女。那是沒有執著的愛，是一種天生且自然的，存之於親子之間交互依存的能量流；但有些時候這種能量流，會因某一方的沒有覺察而被阻斷。我們必須記住，當孩子剪斷臍帶之後，就不再與母親相連，他擁有自己獨立的身心靈、情緒和意志，但是有些父母卻總在無意間會對孩子懷抱著不切實際的期望。有時候會聽到父母說：「我打你是因為我愛你」或「我這樣做是為了你好」等話語；在這裡，父母沒有對孩子說出的真正期待，是要孩子去完成父母的夢想，卻因此而忽略了孩子自己的需求、孩子的主體性或尊嚴。孩子天生的秉賦和氣質被忽略了，而其自尊也未受到正視。

在這樣家庭成長的小孩會失去自己的主體性。父母的意願成為了孩子的意願，父母的喜好也變成了孩子的喜好。若孩子無法符合父母的期待就會覺得自己是一個失敗、羞愧與無用的人。這樣的孩子就容易忽略自己的

需求，或者乾脆將之放棄；這樣的孩子將會變成一個生活的「回應者」，而非一個自由的主動者。孩子因為害怕失去父母的讚賞與愛，因此總是小心翼翼地怕犯錯，而真正的親密與愛也就更加遙不可及了。

※個案研究一：為他人的價值系統所束縛，而產生之憂鬱症

有個精神科醫師因感到憂鬱來找我，因為他覺得自己沒有價值，無法做對任何一件事。他說讀書時，如果他的成績單平均少於 4.0，他父親就會打他。有次他的生物考了 98 分（滿分 100），父親就用一條繩子把他吊起來，用皮帶抽他。他爸爸一直想成為一個醫師，但沒有成功，所以堅稱他的兒子應該完成他的心願，他要他的兒子能過比他更好的生活。

在資本主義裡，人際關係趨於以成本效益來衡量，孩子很容易成為實現家庭夢想的商品，而非將他們視為是其人性尊嚴應受到尊重的個體。家庭中的民主，就像這個世界上的民主一樣，常常變成以利益為中心，看來好像有效率且自由平等，但是對個人卻沒有真愛與尊重，更別提個人的意向與偏好了。

在現代社會中我們承受著許多壓力。父母在其工作場所時常遭受挫折與失敗，他們遂把憤怒和挫折傾洩到家人身上；為人父母者亦可能酗酒以補償其對外面世界的無力感。這樣的家長在家中可能成為一位暴君，或一位會施暴甚至凌虐他人的丈夫和父母，成長於這樣家庭的小孩常常變得憤怒、怨恨、情感麻痺、自憐和混淆，而這些傷害常深深影響其成人生活。

※個案研究二：因兒時家庭暴力所導致的憂鬱症

有個媽媽帶著她已經三十歲的兒子來到我的辦公室，她說他自大學畢業之後就一直沒有工作待在家裡。曾經是模範生的他，卻留不住一個工作。

只要老闆大聲一點對他說話，他就跑回家而不再回去工作，這樣的情形已經有三次了。現在他待在家就是打電腦，總是睡到中午才起床，要到深夜兩點才睡。

我詢問他的家庭狀況，媽媽告訴我，她丈夫在孩子很小時常常打她；當孩子到十歲、十一歲左右，他會站到父母中間來保護媽媽；有一天晚上她趁丈夫回家前帶著孩子離家逃跑。孩子們如果是在有暴力，且父母關愛不足的環境下成長，他們到了成年時，將很難與他人建立關係或信任別人，他們自我的自然表現也會有困難。

（3）傳統與文化的障礙

傳統的障礙常常深植在文化中。部落戰爭與衝突常常源自部落之間的文化或宗教差異。當我們深植於某個信仰系統或文化規範之中，我們時常無法追隨生命持續變化的歷程；我們不再保有我們的自發性，而成為一個機器人。一個人的文化價值觀與規範常常成為一些阻礙，使他／她無法與那些來自他／她所不熟悉文化的人，或者是在不同環境中長大的種族或人們自然交往。就像雖然法律禁止，但印度的種性制度至今猶存，賤民仍然受到連奴隸也不如的悲慘待遇。

（4）種族的障礙

種族障礙是一種現代疾病，在非洲因種族衝突而導致販賣奴隸；不幸的是，這種情形仍然存在於如美國這樣高度民主化的國家。

2.障礙的影響

依據中國哲學與傳統中醫的看法，人類有一種本能去維護他／她與環境互動時，在其身、心（情緒）、靈上的平衡。為了維持此平衡與和諧，個體會儲存特定的行為反應。在理想的環境中，這些反應總是適切且與環境和諧的，反之，則會有不當的反應。例如：有些不好的事情會引發創傷，像是未滿足的需求會變成未完成事件，渴望會導致依戀；文明化會使人否定個人的價值觀，而去迎合他人的價值觀。這些都是個人對當下時刻本具的自然體驗之轉向，此將引起個人在身心靈上的問題以及體內或與社會、自然界及整個宇宙互動時的能量阻礙。能量阻礙可能來自過去未完成事件，或者是對未來的期盼。

能量阻礙可能留駐在自我的生理、心理、社交或靈性界域中。如前所述，傳統中醫認為疾病是能量阻塞、能量不平衡或能量不和諧的結果。能量的不平衡或不和諧可能來自外感和內傷，外感是天候變化導致的風、寒、暑、濕、燥、熱（火）等六淫病源，或者是環境中的疾病感染；內傷則是喜、怒、憂、思、悲、恐、驚等七種情緒不平衡所致。能量阻塞也可能是由環境中，與重要他人的不健康互動關係形成的心理因素所導致。

承受長期創傷與忽略的孩子，長大後常有心理方面的問題，他們趨向於以不真誠或強烈維護其內在的角色於生活中；他們以別人的價值觀為生活準則；他們會輕視自我且自覺無用，並將其自尊建立在他人的觀點；由於害怕被拒絕，所以變成一個討好者而忽略自己的需要；或委屈自己的需要來得到別人的讚賞。這些常常使他們陷入嚴重的憂鬱中，或者使他們有自傷行為。

恐懼使人有所警覺並且想要去控制一切，他們掌控一切的人際互動與行為以贏取社會的贊同，他們有時候使盡力氣的想拯救別人，但卻沒有顧及別人的尊嚴、自由和自尊。

在家醜不外揚的心態下，或者是怕被拒絕或遭人責難的情形下，家庭暴力與虐待往往被視為隱私而不談論。因此不健康的行為模式一代傳一代，直到有人很勇敢地將之公開為止。

保存傳統價值、理念、觀念、判斷、文明化或 Moreno 所稱的文化傳承，都會對創造力或完全覺察造成障礙。因為受到父母或社會環境的影響所致，人們會採納他人的價值觀、態度與信念而成為自己的，並依此去對待世界、他人與自我。因此，他／她把自己的本性給丟了，而以別人的價值（文化傳承）來生活，卻阻礙了他／她對自己個人生命，以及趨於自我實現與自然成長的需求所做的覺察。

為了獲取環境的贊同，小孩子開始以外在設定的價值系統來感知與行動，而忽略了個人的歷程。因此他／她壓抑自己的衝動，不管是有攻擊性的還是溫柔的，他／她把這些衝動轉向自身而非朝向環境，以贏取他／她所渴望的情感；或者只因為社會文化與價值不允許他／她表達此衝動，他／她就把這些壓抑下來。由於被教導要能自我節制，人們努力地壓抑著，因此，他／她的立即需求被克制住，此舉使他／她一如 Horney 所說的：已與他／她的真我分開了（Horney, 1950: 157ff）。

來自他人的觀念、想像和價值，均會造成自我和真實之間的障礙，並且也限制了一個人的行為和扭曲其生命經驗。這些被環境所控制的人，不再信任自己的評斷與需求，他們將他人的判斷與評價當作是自己的——環境給什麼，他們就接受什麼，以此為用。藉此他們不再注意自己的感覺與

需求，並且將他們所吸收的價值觀與判斷囫圇吞下去。

用 Moreno 的話來說，這樣的人只是處於選角階段，而沒有學到如何扮演此角色，或在情境中創造自己的角色；他們被別人的「應該」與「不應該」控制，好像是個沒有自發與創造的機器人。他們感覺應該感覺的，想望應該想望的，去愛該愛的——他們完全被文化傳承所控制。他們被他人的規範以及他們所感動的情緒狀態所制約，這些規範或文化傳承將其知覺分解，也使他們無法真實地去觀與做；因此他們的內在需求與環境中的「應該」與「不應該」之間有了衝突。

被他人價值所束縛、害怕批評、對他人有強烈的責任，以及沉溺於空想中，這些症狀是 Maslow 所謂的「神經質的委於他人」（neurotic involvement with others）。這樣的人無法全然地投入當下的生命情境之中，也無法做出成人的決定，或表現得像個成人（Maslow, in Anderson, 1977: 19-22）。

從有關阻塞的起源與影響之討論可看出，衝突植基於自我譴責。對自我天性的漠視必使自我整體破裂不再完整。存在的自然展現（感覺、需求、衝動、思想、意象）被抑制、壓抑，甚至轉換成不如所想的。自我的某一方操縱其他方面，他人的價值儲存之後用來阻礙所擇之體驗，於是就有了衝突。

人會經由多種途徑去體驗衝突，原則上，任何源自自我、他人或環境的分裂或分歧都會產生衝突，此將出現在個人以與其自我不協調的高標準來評價自己的時刻。

譴責、害怕和執意追求都會阻礙能量與覺察的流動；害怕與焦慮的存在是因為個人無法感知與評估真實的事物與情境本身。心智經由分析或評

價經驗，或者是從情境的資訊而產生害怕，並非是因此時此刻的真實體驗所致。

生命處境是動態與流變的，而且是人們無法以毫無章法的方式去說明清楚的現象。如果我們仰賴過去的經驗，我們是處理有關該情境的知識，而不是直接處理情境本身。我們無法把過去的反思覺察整合到當下的體驗中，即所謂的此時此刻裡，所以當下體驗的動態流就被阻礙了。Maslow寫道：「過去是人們所背負的那個已無生命力且未被消化掉的另一個身體，而非這個人自己」（Maslow, in Anderson, 1977: 18）。

對未來的依戀也是另一種阻斷覺察的方式。當我們執意於對未來的預期與準備時，我們就愈不能覺知當前有何事發生。當我們生命的唯一目的就是為未來準備時，我們對現在的需求就無從發現。當我們是未來導向時，我們的心就被遠遠訂一個目標所限制，在如此的心態下，我們會持續反思自我，我們就要對是否有效或能否達成此目標做出價值判斷。在此狀態下，我們會忽略了自己的有機需求。

Herrigel在《射藝中的禪》對這一類的覺察障礙有所闡述，「真正的藝術」大師對 Herrigel 說：「是無意！無所求！你愈是為了想要射中目標而學射箭，就愈射不中，而且愈射愈遠。阻礙你的就是你那執意的心。你在想你不該做什麼就不會如此。」想達到目標，大師說：「你要把自己放下，讓自己放空，澈底地把你自己和你的一切放下，使你不再有我，只有那無目的的精神緊張」（Herrigel, 1964: 51-52）。

最後還有一個常見的阻礙需求的例子，就是想要被每一個人喜歡。Horney 將此覺察阻礙的道理說明如下：

易術

傳統中醫、心理劇與藝術治療之整合

> 舉例來說……當個人執意想要被每一個人喜歡，他的真誠就不見了，他的力量也削弱了……他對工作自然的熱情也降低了。這種衝突性的執著驅力會更加地干擾他做的決定和選擇方向的統整性與能力……神經質的假性解決儘管有意去做整合，但是仍然剝奪了他的自主性，因為，這些都是一種強迫性的生活方式。
>
> （Horney, 1950: 159）

上述所引用的例子說明了覺察與自發被阻斷的結果，可知任何阻礙都有時間和空間的向度。阻礙常常使人的能量沉溺於過去或未來，甚至一個想像裡，而這些都非處於當下時空。覺察阻礙使人偏離當下的此時此刻，讓人成為他／她所體驗與創造之現象的局外人，他／她的能量封鎖在不同的時空向度中，以致無法全然地參與或活在當下。

阻礙活動使個體無法充分覺知，並回應其內在需求與意向。這些需求與意向一旦被忽略了，就變成了縈繞於個體內心的鬼魂，直到他／她不得不去面對。這些鬼魂，也就是隱性覺察中的內容，即 John Livingston Lowes 說的：「難以言表如驚濤般之混亂。」它們是渾沌不明的，但是充滿著生命與能量；它們是有機的、動態的，並充滿張力與可能性。由於沒有導向有創意的既定方向，所以我們的覺察也不甚分明。有趣的是，這「隱衷」正是創造力的開端。易術就是運用創造的歷程，將隱於人們覺察中的內容走向顯性覺察，在此歷程中，治療師幫助案主釋放其能量之阻塞。

Chapter 05

易術的治療基礎

　　易術的治療基礎包括：中醫、氣功、心理劇、社會計量、藝術治療、音樂與舞蹈／動作。

一、傳統中醫

（一）傳統中醫的整體觀

　　　　　宇宙間萬物共存且互相影響、氣貫通且連結萬物

　　傳統中醫以整體觀主張人類、社會系統與自然組成一個有機體，而存在自然界的個人與自然環境的變化息息相關。季節更替、晝夜變換、地理環境之遷移都會影響到人體及其健康。在中醫裡，並無所謂的心理學，而是治療整個人。中醫重視情緒治療，因為情緒為疾病的主要根源。中醫以五行論[44]與陰陽論為基礎，戮力於幫助個人達到和諧與平衡並趨於整體的狀態。

1.精、氣、神使個人的有機體趨於完整

　　傳統中醫實踐整體觀的理論，視人如宇宙。個人是大宇宙創造歷程中

的一個小宇宙。每個人生而被賦予三個基本要素：儲存於薦骨裡的液體，即精；在胸腔內的呼吸，即元氣；以及在腦部的心理活動與在心臟的情緒，即為神。以形而上的觀點來說，他們源於天、地、人這三股力量；神源於天，精起於地，人生而有的能量即為元氣，此元氣使人類得以吸收地的精與天的神，而顯示於其身與心。

　　精為身體的基本構造：骨頭、血液、肌肉與體液（如：荷爾蒙、酶、神經傳導物質、整個內分泌系統，以及新陳代謝中的各種生化交互作用）。精為宇宙的生殖力，而人們在受精時取自於父母；出生時，精儲存於腎臟與用以傳種的性器官之內。出生後之精源於養分的合成，並經由食物與水提煉，然後儲存於肝臟、血液、骨頭以及骨髓。精以生命力展現自己。

　　根據傳統中醫理論，健康的個體維持精、氣、神之和諧與平衡的自然狀態。它們享受著氣毫無阻塞地在各內部器官裡的經絡之間自然地流動，並與外在社會、自然界及精神世界無礙地溝通。

　　氣將宇宙世界的形與神、有機與無機、可見與不可見之元素，統整為具形體且能運作的有機系統。這個系統就稱之為道，當個人循道則茂盛，背離則會毀滅。

　　氣化為無形的元素，滲入於細胞和組織中，並活化他們的生命功能。氣是活化循環、內分泌、消化、肌肉與神經系統的能量。以個體層面來看，氣有兩種來源，一種是元氣，於出生時承自其父母；另一種源自於自然界的食物及新鮮空氣。源自於上述來源的氣經由內臟轉化為人體的氣，其形成的過程如下：

　　源自父母天生的元氣始於命門，即在兩個腎臟之間；往上運行至中焦，在此處結合來自脾臟的食物營養，再往上走與肺臟的新鮮空氣連結，最後

變成氣。人體的氣是由腎、脾、肺與自父母天生的元氣，以及來自於水與食物的精，還有取自於大自然的新鮮空氣相配合之共同作業而生成的。

　　神則是指心智與其運作的整個層面。每個人出生都有元神，它來自於道，亦即覺察的終極源頭。神是無所不在，且是永恆的。出生後的神分為陰與陽兩極。陰極被視為是位於腦中的想法，而陽極則是心內的情緒。神被理解為一個人天生的才華與智慧，帶給人體生命力與能量。

　　傳統中醫認為人的身體、氣與神是一體作用。氣旺並有活力的強壯身體才能保健康，氣虛而沒有活力的虛弱身體就會生病。中醫師的保健之道，是鼓勵人們能以氣和活力來滋養他們的身體，不要讓此養生之氣與活力散掉。

（1）精的本質與功能

　　精儲藏並滋養神與氣，是人體存在的根本，它提供養生之氣。出生時的精儲存於繁殖下一代的生殖器官；出生後的精由體液組成，如：血液中的紅血球與白血球、荷爾蒙、淋巴與黏液。所有的液體都是源於消化的食物。精也可以藉由器官與腺體產生的酵素轉化為氣。

（2）氣的本質與功能

　　氣被分成四種不同類別：「元氣」出生時儲存於腎臟；「宗氣」儲存於胸腔，它是由肺裡的新鮮空氣，以及在脾和胃裡取自大自然的食物與水之養分所組成；「營氣」源自所攝取的食物與水分，與血液有極密切的關係，它自肺經運行進入血管而成為血液中的成分，循環於全身以提供養分，其中包括五臟六腑在內；「衛氣」亦源於養分攝取，它讓皮膚不會被病菌侵蝕，並致力於讓內臟與肌肉組織保暖與滋養。

　　氣以升、降、出、入四種方式運行：升是向上運行；降是向下運行；出是由內而外；入是由外而內。氣的運行非常重要，沒有氣也就沒有生命，藉由此四種方式，氣促進內臟功能與血液循環。但是並非所有臟器皆如此，例如脾氣上升而胃氣下降。然而氣的四種運行方式必須是和諧與平衡以確保健康。氣是保健之道，體內有生命力的氣可防止致病因子入侵[45]，疾病是因具有生命力的氣不足而造成的[46]。

（3）神的本質與功能

　　神指的是腦與心。每個人生就具有元神，而元神是無形且發光的，並存在於整個宇宙與每一個生命體內。元神是神的終極面，是道之所在，也是意識最初的來源。元神在個人出生之後就蟄伏而暗藏於社會與個人的制約下，不再顯於其意識覺察裡。

　　出生後的神分為陰與陽，陰即靈，而陽為情。心理活動藏於腦、情緒儲於心；前者為水，後者為火。《黃帝內經》的《素問》第十六章：「頭者，精明之府。」後來清朝的汪清任醫師評論：「靈機，記性不在心，在腦。」靈生時，就是清澈、寧靜且涼涼的。它使人能與初始之道，即意識的本源相連。火是無法預測的、爆炸性的、容易激動的，它很快就會有所反應。火是純化於萬物之母無條件的愛與熱情。道家提倡將此二者平衡以達到恆定、和諧、穩定、明淨、有活力以及健康的狀態。

　　《黃帝內經》強調精、氣、神的整合。《素問》第五章云：「心藏神、肺藏魄、肝藏魂、脾藏意、腎藏志。」魂魄意志皆為神，神存在於每個內臟中，心理活動寄附在形骸上，腦與心控制了身體活動，尤其是對五臟六腑有影響。

2.傳統中醫的陰陽理論

陰陽理論用來探討內臟的功能特性。五臟為陰，六腑為陽，在陰性器官中，腎臟、脾臟、肝臟為陰，而肺與心為陽，以其於身體的上部位或下部位而分。而在每個器官中，其功能為陽，實體為陰。經絡也是分為陰和陽。

> 當陰陽處於平衡且和諧時，身體就會健康；當精、氣、神的
> 陰陽處於平衡，一個人即會感覺舒適。疾病通常就是陰陽失調的
> 表徵。

不論疾病的臨床徵狀如何，它的根源皆源於陰陽失調。陰陽理論是用來作為疾病的診斷與治療。例如：當治療受寒病症時，使用溫熱性的草藥；而處理發熱病症時，則使用冷的或寒性的草藥。

熱症可能由陰虛而生，也就是元氣消耗過度的結果；陽盛則是因陰虛而造成的，所以補陰的藥必須用以制陽。反過來說，如果陰陽皆受損時，則同時要去調整陰與陽二者。

以傳統中國文化看來，凡屬過度反應者、易於興奮者、熱者、移動者、寒者、明亮者、可見者、清晰者、實體者、可觸摸者，皆屬陽；而凡屬被抑制者、寒者、弱者、暗者、沉重者、沌濁者、不可見者、虛者及摸不到者，都屬陰。

身體是可見的、實的、可觸摸的；而氣是看不見的、虛的、摸不到的。所以氣屬陰，而人體屬陽。陰陽共存並相互影響，二者均無法單獨存在。

同樣的，情緒可視為是虛的、摸不到的、看不見的氣體；而可觸摸的、

可見的，與實際存在的行為與身體症狀則是實體。所以發生在物體上的也都會發生在氣上。當我們治療心理與情緒上的問題時，我們就可直接處理氣，並同時治療物體。經由藝術、音樂、舞蹈與演劇的創作歷程，將不可見轉為可見，將摸不到的轉為可觸摸的。一步一步地把虛變實，把情緒變成可以觀察的。易術與其他心理治療不同之處，在於它能同時處理虛體與實體。在易術的治療歷程中，氣與物體二者同時被療癒了。

※個案研究三：因恐懼而造成的尿床

一位五十歲出頭的女性前來接受治療，並說起她很怕她那會施暴的先生。因為她與她先生都是基督教徒，而且是在同一個教會工作，所以她無法與她先生離婚。我鼓勵她去面質她先生，在這之前，我讓她將腳穩穩的站在地上，並做深呼吸，手放在臀上，從下丹田 47 發出「哈！」的聲音，藉此使她給自己力量。這個練習也使她表達了自己的憤怒並打通經絡 48。她被引導以一個有自信的人在舞台上走幾圈，直到她將此自信內化。

有一位輔角來扮演她的先生。當她面質她先生時，她很驚恐，身體無力，她無法對先生表達她的憤怒。我問她：「耶穌曾經生氣過嗎？」我建議她，問耶穌是否允許她生氣。在她表達憤怒之後，她開始大哭，之後她被團體放在搖籃中撫慰。

在此療程的尾端，我鼓勵她對團體的每個人說，她已強壯到足夠去照顧自己，她不允許自己再被虐待。

兩年之後，她告訴大家，她一直有尿床的問題，但不好意思跟大家說。她自婚後即有此疾，差不多有二十年了。但從上次治療後她就不再有此疾。她說她正在考慮離婚，我鼓勵她去參加伴侶治療。

討論：驚恐使腎氣下降並散掉。《黃帝內經》云：「長期的恐懼會影響腎的功能，腎虧會使骨頭、聽覺、腦髓與生殖系統的功能失常，也會影響到膀胱。」此個案的尿床問題即是長期驚恐所造成的腎虧。

3.人體健康的五行論

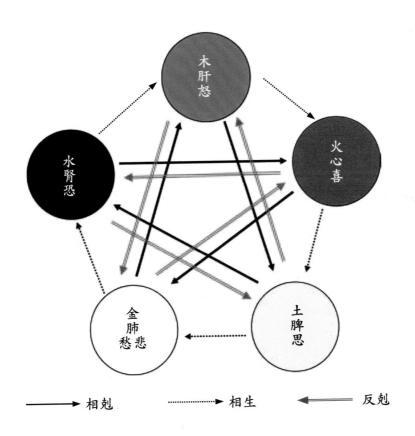

圖2　五行與其相生相剋

中醫以五行的理論來解釋人類的健康與疾病,並以此進行診斷及治療。而五行的生剋觀點,用以詮釋五個陰性器官與六個陽性器官之間的相互依存關係。

每一個內臟器官都可被歸類在五行當中,在演化過程中相生相剋。舉例來說,腎屬水,且滋養屬木的肝臟,正是所謂的水生木;再如屬木的肝儲存於血液裡,滋養屬火的心臟,亦即木生火;屬火的心臟能溫暖屬土的脾,就是火生土;屬土的脾則將食物營養轉換並滋養屬金的肺,便是土生金;而屬金的肺藉由疏通水道來協助屬水的腎,即為金生水。

至於相剋的過程可以作如下解釋:肺(金)阻卻肝(木)的滋長,亦即金剋木;肝(木)消除、調節滯氣的脾(土),即是木剋土;脾(土)負責傳送營養素、促進水分代謝、預防腎(水)水滿溢,就是土剋水;腎(水)牽制心(火)過旺,正是水剋火。

五行與其相對應的臟腑各有其應對的五色(青、赤、黃、白、黑)、五聲(呼、笑、嘆、哭、呻)、五音及七情。肺與焦慮、哀傷有關;心臟與喜樂、震驚相關;肝與生氣有關;腎與害怕有關;脾則與思慮、煩憂有關聯。傳統中醫引用人體與自然環境的關聯之五個進化階段。表 2 即為中醫所述之相關:

表 2　五行

要素	臟器	腑器	五官	情緒	聲音
木	肝	膽囊	眼	怒	呼
火	心	小腸	舌	喜、懼	笑
土	脾	胃	口	思	嘆
金	肺	大腸	鼻	愁、悲	哭
水	腎	膀胱	耳	恐	呻

除了藉由問診、把脈來診斷病情，也有透過與臟器相連的顏色、氣味協助診療過程。比方說，患者膚色泛綠帶藍、偏好酸味食物，可能罹患肝臟疾病；若是暗紅膚色、喜食苦味，則可能心火過旺；脾虛患者則膚色泛綠帶藍，亦即「木剋土」；膚色暗沉可能暗指有心臟疾病，也就是說水剋火。

4.情緒：疾病的內在病因

情緒是對外在環境覺察的反應，或者是對內在心像、夢境與幻想的反應。這般情緒反應會影響臟器功能，觸發數種荷爾蒙的分泌，也會影響「氣」的流動。舉例來說，喜樂緩和氣的流動；生氣導致氣流提升；哀傷與焦慮卻使氣散掉；害怕導致氣下降；震驚造成氣散去；憂慮與執著導致滯氣。

以西醫的觀點，因情緒與心理因素而致疾，稱之為心身症；反之，中醫主張疾病的病源來自外因或內生。外因為源自外在病兆入侵，比如氣候生變衍生冷、熱、風、濕等，或者環境中滋生的流行疾病病兆；內生疾病為情緒失衡的結果。情緒為個體呼應外在刺激或內在心像的反應，一如先前提及，人們的精神可區分為陰、陽兩面，藏於腦內的心理活動屬陰，而存於心的情緒為陽。

傳統中醫裡的神，掌管人類所有的認知與情緒層面，任何一種過度的情緒在影響各有關臟腑器官之前，都會先傷及心臟。比如說心臟主掌愛與樂，它不僅會抑制哀傷，也同時會遏止所有過度的情緒反應。

傳統中醫對情緒與健康理論的論述，已有五千年的歷史。五臟六腑是人類心理活動的器質根源，任何異常的情緒變化，都會波及這些臟腑功能；

突發的、暴力的，或持續的精神刺激，都會傷害氣在這些內臟的功能。氣受損則血濁，並會擾亂器官裡陰與陽的平衡。依據中醫觀點，大怒傷肝、大喜傷及心臟、焦慮傷脾、憂傷傷肺、過度驚嚇會傷腎[49]。喜樂促發氣血循環並鼓舞精神，它可以療癒悲哀與憂鬱[50]。

在傳統中醫裡指出，有八種情緒變化會致疾，他們是悲、愁、憂、怒、恐、懼、喜、思等，後續將會討論這些情緒與其對健康之影響，並將分述以某種情緒抑制他種情緒之後果，包括：以哀傷遏止怒氣、以怒氣遏止焦慮、以過度思慮遏止害怕、以害怕遏止亢奮等。情緒間相互遏止與取代促使氣血流動、打通經絡能量的阻塞。

基於陰陽五行的理論，中醫會以各種方法來引發病人的某種情緒以遏止他種過度情緒，或使病人的經脈中之陰陽能量趨於平衡。

以下討論傳統中醫用五行的生剋處理情緒：喜剋悲、悲剋怒、怒剋愁、愁剋恐、恐剋喜。以情制情的歷程，旨在促使氣血在體內的經脈流暢。

人類需要透過適當地宣洩，以調節情緒並促使氣血循環，進而維持身體各系統間之調和與平衡。適時地宣洩情緒，就是合宜的宣洩情緒；傳統中醫用五行生剋的理論處理情緒。

社會環境與人際關係會影響人們的情緒活動，情緒總是在人際接觸、衝突與抗爭中呈現。強烈的喜、怒、哀、愁、恐等情緒會導致疾病惡化[51]；持續地處在強烈情緒刺激的環境中，經常會導致個體的情緒與心理失衡。

※個案研究四：在心理治療中，陰陽與五行理論之運用

1982 年，時值我在一家精神科住院部門工作，當時剛好有一系列有關性議題的研討活動。我注意到有個病人會在影片出現與性有關的畫面時進

入睡眠狀態。他與我一起進行藝術治療的處遇,他的問題是社交疏離與憂鬱。在他繪製的畫作當中,有一幅是一個心情低落的男孩蜷縮在房間角落;我邀請他扮演這個畫中男孩,並問他幾歲,他說他是九歲。藉著放鬆、心像等暖身技術,讓他回溯到九歲的時空中。在探索的歷程裡,發現他曾經遭受父親和叔叔的性侵犯,在逃向母親尋求安慰時,又被母親性侵害。我問他:「那個時候,你怎麼辦?」「我躲在三樓的閣樓裡哭泣。」我又問他:「你現在幾歲?」他答道:「三十五歲。」我讓他躲進諮商室的密室角落裡,問他:「你在那裡躲藏多久了?⋯⋯好,回到那裡,就待在那裡!」於是個案縮進密室裡哭泣,卻不願意出來。藉著陰陽的悖論技術,我問他:「就待在那裡好了,不要出來,你現在才三十五歲呀,怎麼不再待個二十六年呢?到時候,也不過是六十一歲罷了,還不算太晚啦!」他很生氣並對我吼著:「妳以為妳是誰啊?」他咆哮著從衣櫃出來,並用力地把門關上;他一直哭,他從來不曾流過這麼多眼淚。之後,我要他注視那個密室「現在,你想為那九歲的孩子做些什麼?也只有你能夠照顧他了。」他決定要善待自己,並且與人交往而不再逃避人群。

討論:逃入夢鄉是躲避與性議題有關而引發之焦慮、害怕、生氣與憂鬱的一種方式。由於遭遇雙親的性虐待,導致他沒有庇護之所,沒得宣洩的情緒造成他的能量消散殆盡。

此歷程亦可以五行理論解說。怒氣與屬木的肝有關,而憂傷與屬金的肺有關;正如金剋木,憂傷抑制怒氣。個案以其憂鬱而前來接受治療,蓋因被憂傷遮蔽的表徵。他的氣停滯在他的肝與肺,怒氣得以表達方才能協助其提升能量,並促進氣血循環。在怒氣、憂傷得以順勢流露之後,顯見其容光煥發,內在趨於平靜、恆定與和諧狀態。之後,個案也因此能與其

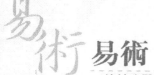
他住院的夥伴交流。如今他樂在生活中，也結交了不少好朋友，並持續在其藝術工作中。

悲傷情緒會傷害肺臟臟器，並影響神之所在的心臟腑器，以及調節各個消化代謝階段的三焦。悲傷可能嚴重到阻礙氣流，而不孕症、慢性便秘則可能為悲傷的結果。

愁與憂會傷及肺臟臟器，並影響大腸腑器，導致氣滯留。而此遂造成氣喘、腸躁症及便秘等現象。

易術可以幫助個案調整其情緒，此處將以其他幾個個案為例，解說此歷程。

※個案研究五：因悲傷、焦慮、怒氣而致之便秘

范太太是一位五十二歲且已離婚的單親媽媽，她來找我要求心理治療。她參加心理劇治療團體，其主訴問題是她不知要如何處理正值青春期兒子的行為，這個孩子常逃學，甚或凌晨兩三點才進家門。由於兒子曾遭受父親虐待，范太太總是盡可能避免斥責或懲罰孩子；孩子的狀況愈來愈糟，學校功課退步，甚至嘲諷媽媽，然而媽媽卻一再地將其怒氣、焦慮和傷心忍而不發。

范太太長期遭受便秘之苦，在她前來治療之時，已經有很嚴重的便秘問題。她曾經遍尋中、西醫，並已打算進行手術。她的糞便堅硬如石，且臉色蒼白。

我先用導引式想像法，並叫她平躺在地板上，我要她做深呼吸，再用雙手在胃部做環狀平推。

透過治療來引導她表達出對前夫，及過往傷害過她的人的怒氣。在抒

發怒氣之後，她才能夠大哭。我處理她背部的督脈，讓她積壓多年的聲音能迸出來。之後，我讓她在團體中挑選兩個人扮演其父母，來擁抱她並呵護她。

在此單元之後，她感到有力量。她的臉色從蒼白變為粉紅。翌日，她告訴我她的便秘毛病已經好了。兩年之後的追蹤亦顯示，她已經沒有便秘的問題了。

討論：她的哀傷、焦慮與怒氣阻斷了經脈氣流，並導致氣流長期滯留肺臟、肝臟及腸道。當肺臟滯氣開散，怒氣隨即與在肝的氣調合。順時鐘地在腹部做環狀推磨，是幫助腸道氣流的氣功動作；督脈 52 與全身的經脈相連，打開督脈，可以通暢整個身體的氣。心理劇治療過程幫助個案處理其與家人有關的未竟事宜，並改變她原來的想法，藉由角色訓練幫助個案能自信地面對家人；易術歷程幫助個案疏通情緒，並調適其人際關係；而呵護帶給她快樂並調整其情緒。

怒氣傷害肝臟臟器、膽囊腑器，而過度且長期憤怒則可能導致氣流高漲，因而造成高血壓、暈眩以及頭痛等毛病。

※個案研究六：因過度憤怒而引起的頭痛

團體中有一個成員時常有劇烈頭痛、胸悶且難以呼吸的現象。「我的頭快要爆炸了！」她是位年約三十五歲的殘障婦女，不良於行也無法站立。我讓她癱坐在地上，倚靠著反向的折疊椅，以枕頭來撐起她的背、她的頸和她的頭。我要她盡可能地大聲呼喊出來。她使盡力氣地哭喊、咒罵，同時不斷地以右拳捶打地面。她的左手摀著眼睛啜泣地說著：「我不想看到光線，我不想看到任何人！」後來，我問她在對誰吼？她沒回應。我叫她

在團體中找一個人做這個人，她照做。我後來發現原來是個三角戀情的問題，而其發怒對象正是團體中的某個成員，這正是讓她難以在團體中公開明講的困境。歷經憤怒的宣洩，她終於得以讓團體中的一個成員擁抱著她，在淚水不斷滑落間，釋放暗藏的悲傷。在這次療程後，她的頭痛症治癒了，胸口也不悶了。

討論：怒氣與肝有關，過度的怒氣導致氣火高漲到心臟、頭部，並引起嚴重的頭痛。有時過度怒氣會引發心悸。哀傷阻卻肺臟氣流，導致她長期呼吸不順暢。透過吼叫、吶喊、捶擊地板，可以幫助她宣洩怒氣以降低怒氣。憂傷與屬金的肺相連。在常態下，肺屬金，可以抑制屬木的肝；憂傷時常抑制怒氣，正如金剋木一般。然而在異常狀態時，「木」一反常態地遮蓋住金。正如這個案例，是怒氣抑制了憂傷而成為反剋。在怒氣得以釋放之後，她大哭，其哀傷也才得以釋放。後來心理劇的成員協助她，去處理她與團體中那個人之間的關係；讓團體某一成員扮演她的好朋友，來擁抱她，這是一個很重要的歷程。心臟主宰所有的情緒，而愛與關懷即隸屬心的管轄。能被擁抱並被安撫，可以舒緩痛苦與情緒上的波動。

另外，驚恐與腎臟臟器相連，而意志與膀胱腑器有關。童年時期的尿床有可能就是腎臟氣虛的結果。

※個案研究七：因童年創傷以及長期驚恐而致的尿床

一位四十三歲的婦女與其先生前來接受治療，她對在這個年紀還尿床著實感到困窘不已。音樂與自在的舞動引導她開啟了痛苦的記憶。她看到自己五歲時在麻布袋裡，被吊在橫樑上，不得出聲，直到媽媽把她放下來。她不記得自己究竟做錯了什麼，從那一刻起，她一直很畏懼黑暗，害怕被

遺棄，也怕孤單。她的先生在實驗室工作，都在凌晨一、兩點才回家。她的先生無暇顧及她，且他的晚歸使她的情況更糟糕。

治療引導她去面質她的害怕。我關掉治療室裡的所有燈，將那個扮演她的輔角用大床單包起來；讓另一個扮演其母親的成員，對著包覆在被單裡的小孩輔角嘶吼、斥責，並鞭打那個小孩輔角旁邊的木板（聲音比實際的敲打更重要，需注意切勿傷及扮演孩童的輔角）[53]。這個個案流淚不止且很無力。我讓主角站穩雙腳深呼吸，從丹田發出「哈」聲，這可以使她提振，並擴充能量。

然後我問她：「一個母親這樣對她的孩子是否合理？」我再對她說：「一個五歲的孩子在此情形下是無能為力的。妳現在幾歲？現在的妳能做什麼去保護這個五歲的小孩？」這個個案很生氣地把她母親從情境中趕出來（要注意的是：不可傷及扮演其母的輔角）。

在怒氣得以宣洩之後，我要她俯臥在床墊上，並疏通其督脈以開啟阻塞的氣流。要她張口將啜泣的聲音抒放出來。繼之，請她在成員間選個可以扮演「好媽媽」的輔角來擁抱她，此時也播放著搖籃曲。之後，她就能去抱著並呵護那個五歲的自己。

這個單元聚焦於她的肢體姿勢與聲音，在角色訓練中結束。她也被鼓勵向在團體中的每個人致意，去注視他們的眼睛，並且能以很有自信的態度這麼做。

翌日，治療焦點則鎖定在她與先生的關係。她常以憤怒表達害怕，她的丈夫抱怨她脾氣不好、常嘶吼孩子，大兒子也因而離家。追蹤的家族治療著重在家庭內人際關係裡的氣流阻塞，此外，也建議他們進行伴侶治療。兩年後的追蹤指出，個案不再有尿床的症狀，其家人關係也獲得改善。

討論：這個個案早年曾飽受長年的驚恐。依據中醫觀點，驚恐導致腎臟氣散或氣滯，而影響其發育及成長，尤其是膀胱。依據五行升降理論，怒氣屬木，而驚恐屬水，正如水滋養木，驚恐經常滋生怒氣。鼓勵個案表達其怒氣，可以幫助她釋放阻塞在肝與腎的氣流；而源自心臟純淨能量的愛可以醫治一切。藉助他人的呵護與擁抱，可以進一步撫慰及調和她的情緒；角色訓練則鼓勵她去面對驚恐，而以新的角色行為行之。

驚嚇或懼怕是一種突然且不可預期的驚恐，主要的是與心臟臟器有關，可能導致突發的心悸。未經注意的驚嚇情緒，可能衍生為長期驚恐與恐慌，而傷及腎臟臟器。

大喜與心臟直接相連。大喜意指亢奮和躁症狀態，處於亢奮或躁症的人們時常會有心臟過於活躍的症狀，以及睡不著或思緒混亂現象。

思與脾臟臟器相連，脾中有意，而意與胃腑器有關。過度思慮的結果會造成疲憊、消化不良及胃痛。

情緒是致病的主因。傳統中醫主張五行的相生相剋原則，以及七情內傷原則。藉由運作及各種策略來激發個案情緒變化，以矯正各臟腑間的失衡與不協調，即常以某種情緒來遏止他種情緒。

※以喜悅遏止悲傷

此意指撫慰個案並幫助他去做開心的事，使得個案能平靜下來。生於西元前599至479年的楚國道家思想名人老萊子，年已七十又二，卻著七彩之服，如童子般地去取悅雙親，為歷來被傳頌的至孝故事。

心臟主宰人們所有的情緒與心智活動。任何一種過度的情緒必然先傷及心臟，再危害其他臟腑器官並衍生各種情緒異常。心臟擔起喜悅情緒之

責，因此喜悅不僅可遏止悲傷，同時也可以變換成其他過度情緒，如驚恐、焦慮、怒氣等。喜悅也可以促發氣血循環、鼓舞精神。各種情緒或心理異常，如憂鬱可以藉由喜悅之情而獲得矯治。然而過度喜悅的亢奮卻會引起心悸，情緒的平衡與和諧才是最為重要的。

※以悲傷遏止怒氣

治療師可能使用難過與惋惜的語詞，來遏止個案的大怒；哀傷可以抒緩怒氣，以難過和痛苦的詞彙可以貼近個案心情。怒氣經常導致憂鬱和情緒激動，引導個案好好哭上一場以抒發在肝臟悶燒的怒氣。傳統中醫認為暴怒導致肝氣驟然上升，而哀傷可以抒緩氣流、降低心悸或偏頭痛的發作。

※以怒氣遏止焦慮

治療師有時可能會責備和激怒個案，以催化滯氣使之流暢，此一過程可以緩和個案的憂鬱及焦慮。屬木的怒氣可以抑制屬土的焦慮。當滯氣流動，焦慮也就減除。需留意的是，使用這個方法切忌傷害到個案的自尊，善用個案的社會支持系統也頗為重要。

※以過度思慮遏止驚恐

藉由引導個案過度思慮當下煩惱來減緩其驚恐。多思可以抑制驚恐。治療師以各種方式引導個案面對所驚恐的事務，藉此幫助個案發展依靠自己與自信的能力。當個案內在強度足以面對其驚恐並釐清自我懷疑的原因，那麼他也就不再驚恐了。中醫認為驚恐導致氣沉、氣散，而焦慮導致氣滯；是故，以焦慮遏止驚恐即為斂聚渙散的元氣。

※以驚恐遏止大喜

援引驚恐來遏止大喜，是用以減緩個案亢奮情緒的方法，得再次留意的是，切忌傷及個案的自尊。

在使用這個方法之前，治療師得熟悉個案的身體、情緒、心理、社會及所處的環境狀況。儘管數千年來，中醫已驗證這個治療方式，但僵硬地引用技術仍存在風險。各種情緒之間相互連結的關係極其複雜，且是多面向的；某種情緒可能主宰其他情緒，反之可能同時受多種情緒所左右。例如：喜悅主宰其他六種情緒，如悲傷、憂、過慮、愁、驚恐、怒氣等，然而驚恐主宰喜悅、怒氣、悲傷、憂、過慮及愁等。

（1）夢是個人欲達到心靈平衡而生的

《素問》第十七章是最早有關診斷的文字。它說：「陰盛則夢涉大水恐懼，陽盛則夢大火燔灼，陰陽俱盛則夢相殺毀冷；⋯⋯肝氣盛則夢怒，肺氣盛則夢哭。」

（2）夢劇可以用來創造心靈平衡

我用導引式想像法配合音樂作為白日夢的歷程，也就是象徵劇，以使個案重獲他的心靈平衡。夢的戲劇表演也可以達到同樣目的。在夢劇場，我通常會請個案重演他們經驗到的夢。在戲劇演出的結尾，個案回去睡覺並創造出一幕新的、和諧與平衡的場景。

（3）在古代中國最早的醫療文字中的躁鬱症狀

1995 年夏天，我找到由不同學者所註解的《黃帝內經》，我發現中國五千年前就已有心理疾病的診斷與治療，比黃帝 [54] 的時代還早。《黃帝內經》[55] 第二十二章〈靈樞〉記載了癲狂，即躁鬱症的症狀。癲是一種緊張、無法控制的哀傷，沮喪、倦怠，或精神渙散的狀態；狂則是一種情緒興奮、不安、煩躁暴怒、吼叫、過動或憤怒的狀態；這兩種心情狀態通常同時出現或者快速交替。黃帝與他的屬下認為癲狂，是肇因於器官與經脈內的陰陽失衡，陰過盛則癲，陽過盛則狂。明朝的一位名叫羽伯的醫生，認為癲是心內血液不足的結果。

（4）愛能調和所有的情緒

我的朋友 Arlene 有一天晚上吃晚餐時，突然一陣劇烈的頭痛。她的先生 Bob 離開餐桌走出飯廳，回來時手中帶著一朵玫瑰，他靠過去吻了他的太太，交給她這朵玫瑰。奇蹟似的，Arlene 的頭痛消失了。是愛把她治好了！這是一個生理、心理、社會與精神的歷程。

根據傳統中醫，所有的情緒都與心臟有關。心包 [56]，即心臟外面的包膜，可保護心臟免於過度的情緒傷害。心臟儲存陽氣與陰氣，陽氣是創造力、更高意識、智能、象徵形成的來源；陰氣則連接心臟與愛的靈性，即道的精神。心的喜悅是陽氣，愛是陰氣，但過度的喜樂會使氣慢而心神渙散。過度的喜樂不僅會使心臟失調，也會使其他器官失衡。愛，即心的陰氣，能調和心氣與其他器官的情緒。它能促進免疫系統中氣的流動，並增強身體的防衛系統。當情緒失衡時，心臟首當其衝，先於其他器官受傷。

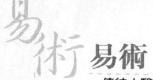

反之，當愛使心臟調和，同時也平衡其他器官內的情緒。所以愛能治療一切。

5.能量與身體系統的主宰

※心包：臟器官

西醫認為心包不算是單獨的器官。它位於心臟外圍，保護心臟免於受到因情緒動盪所造成的外氣侵襲，例如：來自肝臟的怒氣、來自腎臟的驚恐、來自脾臟的焦慮，以及來自肺臟的憂傷。

※三焦：腑器官

西醫認為三焦不算是身體的系統。理論上來說，三焦的確切特質並不清楚，它可以視為一個能量系統，掌管人類身體整個能量系統的功能。三焦分為三個部分：上焦、中焦與下焦。這個器官掌管養分的吸收（液體、空氣與食物）、轉化（消化、循環）與排泄。上焦位於舌根到胃的入口，調節心與肺的氣；中焦位於胃的入口到幽門瓣，調節脾胃與胰臟的氣；下焦則是從幽門瓣到肛門、尿道與生殖區，調節肝（雖然肝的位置不在下焦部位，但中醫一般把它列在下面）、腎、膀胱與大小腸，以及性與生殖功能的氣。三焦的能量處理在身體內部與體表循環的營氣與衛氣。

◢ (二) 總結

傳統中醫師採用整體觀，將人類身體視為宇宙，並由五行的演變歷程與陰陽交替來調節。他們用五行生剋特性來觀察七情間之關係。

人類的情緒與五臟六腑密切相關。《靈樞》第八章〈本神〉中說道：「肝氣虛則恐，實則怒。……心氣虛則悲，實則笑不已……。」「是故怵

惕思慮者則傷神，神傷則恐懼淫而不止。同悲動中者，竭地而失生。」情緒與夢境對疾病的內在成因提供了大量的資訊。

如上所述，精、氣、神之關係密切；陰陽調和為健康之必須；環境的變化如氣溫的冷熱、月亮的圓缺、地球的動作、太陽的位置，全都會影響人類情緒與內在的器官。

最早發現生理韻律的是中國人。雖然人的個性是天生的，不同的個性具有不同的生理與心理的特質，但後天的生活型態能夠影響他們的命運。心理的不和諧源於社會因素、生理因素以及內在器官的失衡。

黃帝與其前後的中國聖賢一般，受到《易經》的影響。他的內經採用《易經》整體觀的概念。根據這部經典，人類的身體不僅本身是一個整體，它與社會系統也是不可分的。它形成自然界的一部分，以及整個宇宙進化的一部分。宇宙間的運行是循環不息的。陰陽兩極的運行歷程在自然界的變化上，以及在對人類事務的影響上處處可見。

理想的健康是德[57]的表現或是真我的天生整體。德展現了元、亨、利、貞的特質，即真美善的本質。它們也代表了道的運行歷程，即宇宙的能量與力量。健康的人，其精、氣、神及內在器官與經絡，都是處於平衡與和諧的狀態。他們與他人、與自然界，以及宇宙間都保持著和諧的關係。

七情被視為七邪。情緒的不平衡是內因性疾病的主要原因。療癒的歷程多發生於平衡七情與創造精、氣、神的平衡與和諧。根據五行的理論，以情制情，來適當地鼓勵個案宣洩或分散情緒，是調和情緒的方法。

傳統中醫認為心理問題是因為一個人的內在器官、精、氣、神，或他與社會及自然界的關係缺乏和諧與平衡。心是愛（陰氣）與情緒（陽氣）之所在，它可以調節所有的情緒並促進健康。

 二、氣功

氣功是中國傳統的治療方法之一。它是一種呼吸、觀想，以及靜心養神的方法。這種方式有助於排除體內的毒素，而代之以來自宇宙正向與滋養的氣。它能平衡身心靈的陰陽元素，促進健康的個人內心、人際間，以及超個人的關係；它的目標是創造宇宙的平靜與和諧。氣功可以分成兩大類，第一種是動功，第二種是靜功。太極拳是一種動功；靜功則稱為心齋與坐忘。靜功在漢末盛行，並延續到唐朝，共一千多年，它是一種靜心養氣的方法。幾個世紀以來，有許多氣功大師出現，創造了不同形式的動功來促進健康。氣功在中國已經修練了五千多年。

氣功是中國醫療非常進步的方法，不需要動針，即能有效地增加經脈中氣的流動，就像在先前中醫一節所討論過的，它能有效的平衡與調節氣的流動來消除並醫治疾病。氣功就是能量、呼吸與運動。古聖先賢最常使用的氣功是靜功，例如莊子用它來達到聖人的境界或成為真人。中國古聖先賢用靜功來達到天人合一，這種合一就是所謂的自發性與創造力。

坐忘有七個步驟：

1. 大通：一個人能趨於天人合一，將煩惱拋諸腦後，莊子將此狀態稱為人們處於大通的境界。

2. 法自然：保持自然、不干擾生活的自然歷程。無事擾心，因此可修道。

3. 心齋：靜坐、放空、沒有雜念，道就回來。

4. 反璞歸真：人們不讓名利傷害身體，不讓權位改變意志。人們選擇簡樸，不為任何事分心。

5. 真觀：老子曰：「常無欲，以觀其妙。」當一個人放棄所有的慾望，讓心住在空裡，他就能真正地看見。

6. 太定：莊子說：「當心住於道，那是終極的空白與靜默；這是道與智慧之所在。」

7. 得道：事事無礙謂之得道。靜時與靈合一，動時與氣合一。身與靈是一體的，當心合乎道，靈不離身時，就能全部看見，能與萬物互相連結溝通無礙。

在中國，動功有許多種形式，例如太極拳就是動功的一種形式。氣功的所有形式都是要邁向身心靈氣的整合，來達到健康幸福的狀態；並與自然的生活歷程和諧一致。

在每次治療之前，我都會用靜功來調節當事人的氣，並調和他們的精神。在治療之中，我常會用動功來幫助個案疏通他們的能量阻塞。

三、音樂

在中國古代，音樂是巫師用在降神會中招魂的。音樂與舞蹈是緊密相連的。在夏朝，音樂被帶進宮中，它是神聖而受人尊敬的，而且是用在例如祈神的宗教儀式中。眾所周知，音樂能夠淨化靈性與調和情緒，御醫則會使用音樂作為一種治療藝術。根據古代中國醫療理論，五音剛好符合五臟（肝肺心脾腎），而十二韻可以打開十二條經脈。古代中國的領導者會用音樂克敵。不同的音符可用來治療不同的疾病，特定的樂器和音波被用來按摩並滲透特定的主要器官，以治療特定的疾病。例如：木製樂器的音波可以按摩肝，有助於治療如焦慮、失眠，以及各種因為肝氣失衡所造成

的疾病。平衡陰陽兩極的觀念，在處理人類情緒是很重要的。古代中醫師常會引發病人的憤怒來治療此人的悲傷。

四、舞蹈與律動

　　在中國古代，舞蹈與音樂是緊密相連的。在史前時代，在巫師降神會開端，舞蹈就被用作是治療藝術的一種形式。就像音樂一樣，舞蹈能調節人的情緒，並調和經脈裡的氣。我們每個人都天生就有過健康與和諧生活的能力，一個健康的孩子能夠完全經驗他體內的感官知覺、感覺與想法。但是，在我們與環境的互動中，我們學會發展的肢體動作，都集中在環境所允許的某些特定部位，而忽略了其他對我們成長與發展同樣重要的部位。許多成人失去了他們自然行動的能力，也忽略了生命中天賦的韻律，他們自然的動作常被社會規範所限制。要能夠完整、健全，人必須要覺察並發展他內外的每個部分。自發的身體動作與舞蹈可以幫助一個人恢復生活的自然韻律，並且調節創造性成長所需的體內磁場。隨著氣功音樂而起的自發的身體動作，以及中國太極 58 的動作，都可以被視作舞蹈與律動治療的形式，可以恢復並調和個人以及他與世界的關係。

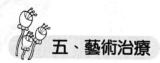

五、藝術治療

▶(一) 藝術治療具體化和闡明內在需求與渴望

　　正如在前面章節提到的，全然覺察是創造力和成長的關鍵，知覺的阻

礙會造成各種衝突並且阻礙成長。當個人把他的能量都鎖在過去或未來，沒有和此時此刻有關的想法或觀點時，知覺就受到阻礙，他們內在的渴望與需求則被忽視了。這些被忽視和未被關注的需求和意向，可能就是那些被稱作隱性覺察的內容；在個人的知覺中，它們是隱晦不明的，因為它們被排除在個人全面知覺之外。他們在原始經驗時被抑制或壓抑，並且隨後不被記憶，或者從原始明顯的狀態壓抑到不明顯的層次。

這些被壓抑的感覺和需求，在我們的知覺中仍然是隱晦不明或者混沌的，直到它們被關注到和經驗過，這個時候它們就會變得明朗。將那些原本隱晦和混沌的，提取到明朗狀態的存在——成為一種生命經驗，就是一個創造性的過程。

藝術治療的創造過程就是協助個人將未完成事件，即隱性覺察的內容引進而為全然覺察，這樣人們就可以處理它們。這種治療效果的主要效益之一，就是案主經由象徵性藝術作品的創作，將案主恢復成全面性的知覺。藝術作品只是結果，是個人隱晦知覺內容的情緒投射。

以藝術素材進行創作的歷程，使個人已遺忘的創傷經驗意象能趨於全然的覺知。而這些創傷經驗會箝制住個人之能量，並引起身體上的不適，例如：胸悶、胃痛、頭痛、拉肚子等。雖然藝術形成過程本身是一個治療的歷程，在藝術治療中所呈現的意像，可在心理劇的演劇當中，以及傳統中醫理論所述之能量運作裡做深度的探討。

藝術治療和藝術創作二者的差別在於：藝術家對技巧、藝術素材，以及作品完成品質之重視程度，勝於創作過程本身。

因為藝術家的準則與風格襲自他們接受的訓練與教育；以藝術家的眼光所看待的藝術技巧，會使隱性覺察的內容，即能量受到箝制之所的真實

感覺或未完成事件等難以表達。Maslow 指出，「偉大的作品不僅需要靈感一閃的高峰經驗；它也需要努力工作、長期訓練、嚴苛評論，和完美主義者的標準」（Maslow, in Anderson, 1959: 92）。這些技巧正如 Moreno 所說的文化傳承一般，會對形式和內容多所要求，卻未顧及那受折磨的心靈解脫。

藝術家所學到的表達內容和型態，並不鼓勵在像藝術治療的過程中，去尋求自然表達其情緒的方式。在藝術治療的過程中，案主能夠直接表達深藏於其覺察中的情緒和意向，他們的作品比較不會受到形式和風格的意識，即那些文化傳承的成品之檢驗與篩選。

藝術家是以他們所學對形式、設計與組合的表達方式來看待藝術作品。他們所尋求的型態會受到他們長久的訓練，或自我要求和他們所謂的完美影響——他們比較受到藝術傳統文化傳承的阻礙。因此藝術作品不一定是他們所投射出來的真實或完全自發的真實感覺之組成，它可能無法涵蓋所有原始感情和直覺的「原始素材」。

在藝術治療的過程中，案主被鼓勵去表達 Arieti（1976: 210-214）所謂的「初始過程機制」，而能夠充分綻放。此充分綻放之初始過程機制，正是案主內在生活的真實影像——不會因為受到評價而被文化傳承所篩選。

藝術治療師致力於誘發案主的覺察與表達，並協助案主打通阻塞的能量。案主所關切的重點不在於媒介的藝術品質和知識，其所強調的是過程而非美感的品質。將重點放在覺察以及其後所顯示的價值所在，也就是呈現案主所壓抑的感覺；而此壓抑的感覺，正是對全然覺察與整體功能所造成的障礙。在此創作過程中，案主將得以表達，並表現出來，同時既能存活又能釋放那箝制其能量的阻塞。

在這創造的過程中，案主的經驗和藝術治療師的角色當然有所區別。
案主和治療師兩人都參與共同的創造過程，治療的焦點是在提升案主的覺
察和個人的成長。在這過程中，藝術治療師的角色是一個催化者和支持者；
治療師誘發並引導案主在創造過程中的覺察。在藝術過程後，案主將扮演
每個被創造出來影像的角色。對治療師而言，這也是一個創造性的經驗，
端賴治療師以自身之自發作為催化案主過程的策略。

現在讓我們好好的來查看案主在此創作歷程中的體驗。「隱而不顯」
這個詞在此曾被當作心理內容，而此內容尚未在創造歷程中變得清晰可見。
因為就這些內容來看，尚未採取決定性的步驟而走向清晰的創作。他們還
沒有組織，或者是散亂、不明確及不清楚。而他們的變化也沒有受到注意。
John Livingston Lowes 就說過：「難以言表的如驚濤般之混亂。」而此混
亂是動態的，並且持續在變化中，充滿了緊張與不明的意向。個人就是處
於他們無法很清楚理解到底怎麼一回事的狀態；他們感覺到什麼，在覺察
之下到底隱藏著什麼東西。這種無形的狀態，也正是詩人 **Stephen Spender**
所稱之「成群不明的想法要化為大量的字句」（**Spender, 1962: 53**），這
很奧妙地點出詩人對創造歷程的三個基本階段所持之觀點。首先，原始而
又散亂的內容遍灑於明晰的意識之外，它們依自身的動力而移動，且影響
著我們的覺察和行為；然後，它們趨於聚合且邁入覺察的時刻；最後，來
到形成意像與意識階段。此時，這些內容自我們所感、所見與所知而取材。
Suzanne Langer 談及此歷程如下：

> 將我們所洞察的，轉為感受的最佳之象徵性的投射（包括理
> 性思想之感，而散漫記錄或理性次序則不再），就是藝術性的表

達……（藝術作品的元素）全都是被創造出來的展現，這指出我們有機體與情緒上的張力型態是多麼地表面化，以致於當人們說到在兩位舞者間，甚至兩件藝術品間的「空間張力」或「調和的張力」時，他們並未意識到說得很做作。就像是一個暗喻，它是不需要經由翻譯或比較就可理解的；它展現它的樣貌，而其意涵則是立刻就能體會到的。（Langer, 1967: 103-104）

而隱性覺察的內容在某些媒介或經驗中，會存於或展現在創作作品中。經由這個過程，這個創造性的表達讓這些有動態意涵的內容清晰而且可以清楚地被覺知。因為藝術表現本身是直覺性的，要投入整個體驗性與知覺歷程，對案主來說，他們較易於也更快地去經歷這幾個階段，並意識到那些原本未察覺到且受阻的內容。藝術表現本身就是自發的過程，它的內容就如 Moreno 所說的文化傳承。這個被創造出的意象展現出創造者大量的心理實體。Langer 如此述及意象：

一個意象摘自客體之樣貌，以使人們能以直觀方式就察知其中內容。如果我們要去探究情緒、感覺以及想像等現象，尤其是為 Husserl 的英語系門徒所說的「片刻」的整體心理生活層面，最佳的方式就是去探究藝術，……有些人能理解到，此等資訊可在藝術中以極佳的方式呈現。……但是還沒有人能獲此奧祕，能找到尚未呈現的問題事實，或能察知純藝術中的生命型態，而此或許正是情感生命中重要關係之鑰。……藝術建構的基本主觀歷程正如藝術理解歷程一般，要去探尋心理問題，但還不知道有什麼。

……逐漸地，但是沒有系統地，鮮活的樣貌從此創作的擠壓當中而生。（Langer, 1967: 68-79）

就如藝術家一樣，案主也是如此從事藝術治療——案主處在一個模糊狀態，不清楚他們的情感、動機和未竟事宜；而這些都被文化傳承的規則、規矩，或「應該」和「不應該」壓抑和抑制著。創造就是從這裡而來。大腦已經準備好要吐露出它所遭受的事情內容，要釋放這個壓力和滿足個人內在的需求，如 Coleridge 所說的「烏雲密布」，這些未完成的情境——烏雲密布……經由創造的過程而進入案主的覺察中——能去感覺也能表達。進一步地，他們以藝術形式來述說並使之明朗化。

▨（二）保有持續性覺察的方式去體驗此世界的道家之說

前述章節指出，藝術治療的創造性過程使案主趨於覺察他們的「未完成情境」，因此他們得以覺知並能處理之。同時，他們那會阻塞此時覺察的能量也得以釋放。藉著參與中國繪畫的創造過程，道家的觀讓案主可以自發，去經驗世界的方式和繪畫的方式，在創造過程中共同調和了藝術家和他們環境之間的關係。

幾個世紀以來，繪畫在中國都被當成是一種靈性的活動，它也離不開生活之道。繪畫是天與地和諧的表現，是真人本質的呈現，也是靈性實在的體現。繪畫的過程就是將內在的經驗轉化成可見的樣貌，這個過程包含知覺和繪畫。

在繪畫之前，中國藝術家會在現象世界的寧靜以及和諧中靜坐，他們所培養的知覺正是真人的知覺。這些藝術家學習以道家的態度來看現象世

界，也就是用「無欲以觀其妙」來看世界，並且讓存在的本質或道能展現其本身。畫家就是去抓住寄存於各種經驗型態中的精神，從這個經驗擷取的畫，就是這種知覺的鏡照意象。中國繪畫的第一個原則就是氣韻生動，氣的流動、心境共鳴和生命流動，自由的就像生命本身一般——繪畫的氣反映出心境的活力、生命本身。西元八世紀的畫家王維曾如此說：「客體樣貌首先必須和心靈融合，再由心智將它以各種不同方式轉化。當然，心靈無形，能移動並轉化客體樣貌的卻是心靈。」（摘自 Sze, 1959: 39）

首先，藝術家必須覺知客體的精神。當看到一個景色，中國藝術家不會在素描簿上記錄意象，他們就是在那裡，全心去吸取千變萬化的景色：微風輕吹、音樂環繞，和不斷改變的光線。中國藝術家對此刻整個存在實體很敏感，他們並不期待去看什麼特別的東西，而是整個人去感覺整個自然，允許這個時刻和它的周遭「擁抱」他們，不假其手，賜予他們此刻的不可思議。正如 Chang Chung-Yuan 在《創造力和道教》（Creativity and Taoism）中，說這些藝術家：

> 他創造性的直覺透視事務的外殼，直達其內在。他已經歷自然無相、無語、無聲、無法觸摸的形體，因此他可以讓她無形且整體的美麗以韻律和節奏或形狀和色彩的方式貼近其感官。
>
> （Chang Chung-Yuan, 1963: 202）

繪畫的準則就是純然的反映。Zhuangzi 描繪這種狀態：「當心是安靜時，它會變成宇宙的鏡子——所有生命的反射鏡」（Siren, 1963: 52）。當藝術家與宇宙及萬物合一時，他們的畫筆就變成各種形狀的創造工具。藝術媒介有時會對藝術家設限，但是他們精神上的自由讓他們可以超越文

具的限制。十七世紀的中國畫家石濤在他的《畫語錄》上說：

> 一個物質主義者參與世界的各項事務。一個沉溺在物質世界
> 的人是處在緊張狀態下的。緊張的人作畫時也毀了他自己，他在
> 這擁擠喧嚷的世界中來回，他小心翼翼且拘謹地揮動筆墨；因此
> 環境影響其人，對他只有傷害，最後讓他不快樂。我以世界本來
> 的面貌看待，也虛應人事，因此有一顆寧靜的心。以平靜的心來
> 作畫……在藝術工作中，重要的是沉思。當一個人沉思於唯一（萬
> 物之體）之中，他就可以體會，並感到快樂。則此人的畫作就有
> 無法想像的不可思議。
>
> 陳腐的人追隨無知者，而無知者的心靈完全被矇蔽。除去此
> 面紗，無知者就會有智慧；讓陳腐的人不被污染，他的心靈就會
> 維持純淨。他以毫無跡象來回應世界萬物，以無影來處理事物。
> 他的筆像是自己在那裡，他的畫筆移動時卻似沒有動作。因此這
> 小小的畫軸控制著所有創造的物體。心靜者將會發現智慧取代無
> 知，純淨的心取代陳腐。（Lin, 1967: 152-153）

因此中國的藝術家從某種角度來說，是不順從者。「無欲以觀其妙」
地看世界，就是去學習自然的運行過程。在此知覺與創造歷程中的藝術家，
就可達到人生的覺悟與成長境界，並認同自然的每個現象。石濤在描述這
種領悟本質的同時，也將此思潮稱為認識論：

> 天賦予山巒許多的功能。山的形體來自它的位置；它的靈性
> 來自它的精神；心情的變化來自成長和改變；它的開悟和成長（孟

陽）來自它的清明；它隱藏的潛能來自它的沉寂；它隨性的特質
來自平和的排列……由此可知山擁有這些功能，並且維持他們，
而這些功能是無法被改變或被取代的。因此，真人絕不會離棄他
的真實本性而縱情於山巒之中。

　　水也如此。水很有用，有許多事是水做的。它觸及大川和湖
泊來傳播它的好處──這就是它的優點；水往低處流──這是它
的禮貌；它無止息地隨潮汐起伏──這就是它的道；它與風作浪─
─這就是它的力量；它旋轉至高峰──這就是它的法則；它可以
到所有地方──這就是它無遠弗屆的力量；它的本質是清明和純
淨──這是它的善；它向東流（中國海）──這就是它的目標……
瞭解山的功能而不知水的功用，就好像沉在大海的人而不知有海
岸，或站在岸上卻不知道盡頭之後就是無涯。因此智者知道在岸
邊觀看水的流逝，而他的心境則是愉悅的。（Lin, 1967: 155）

中國藝術家以其對自然界無所求的態度去認識自己及道。要做一名中
國藝術家就要遵循道之歷程，因為若要接觸自然，藝術家就要能瞭解並將
自己與成長及生命法則相容。

　　觀是創作過程的首要階段。中國藝術家會讓自己和自然獨處，此處的
「自然獨處」常被誤譯為「冥想」。它不是冥想，在英文字典中的意思是：
「想法」，或者「思考」、「反思」、「沉思」。甚至可說，藝術家以無
我的狀態去體驗此現象世界，不帶任何期待或想法，將其全身的能量集中
在存在的當下時刻；只有如此，藝術家才能吸取自然的本質，看到每個實
體中德之所在，即所謂「對了的感覺」。

　　宇宙中沒有什麼事情是永恆的。看到宇宙永恆的潛在，人們就看到恆久長存；看自然現象的持續流動，以及個體在恆久中持續變動。中國藝術家經驗到恆定與變化的真實性——將生命看待為在變化中的恆定歷程。

　　藝術家的責任就是去體現存在自身的德——去釋放他們的潛在力量，這是作為一個藝術家的職責。雖然德是個人性的，但它也是整個存在實體中的一個整合部分，也就是道。

　　只有當一個人能瞭解自然歷程，並能看到在自然客體表體之上的內在事實，他才能創作出道家的畫。這樣的畫是「從個人內在真實所產生的自然反映，不受制於外在的獨斷規矩，也不會被來自內在的困惑與極限所苦惱。在此自發反映中，個人的潛在力量得以釋放，不需要人為的力量就可以發揮最大的創造力」（Chang, 1963: 203）。

　　在創造德的過程中，個人也回應著自然的成長過程——道，並且和宇宙所有的潛在性同在。因此，在中國繪畫裡，即使只是單單一朵梅花盛開，在這盛開的梅花中也展現了無窮的潛在性。「當一位畫家能與自然同在，就能拿起畫筆創造這個特殊時刻，而他的舉動也會得到宇宙間的力量所支持」（Chang, 1963: 204）。

　　因此，經由創造的寂靜歷程而使藝術家有所領悟，就是道家說的德。當人們有所德時，就意謂著他已經回歸到個人的本性。在創作的過程中，藝術家不費力的將其經驗到的，無所求地投諸於一張白紙或絲綢上，這個創作過程是一種不假外力的自我實現。

　　在此過程中，畫家正在培養其運用成長的整個潛能之能力，此即為中國藝術家藉自然世界的顏色與形狀去追求的德和道。中國畫家企圖以顏色和型態在畫作的創作中展現德或道，在此追尋與展示過程中使之成為一個真人。

這個過程和心理學的「個別化」（individuation），或者Maslow稱的「自我實現」（self-actualization）同義。而創造行為的每一個時刻（自初始的觀到後續的繪畫歷程），就成為藝術家的純境，或如 Maslow 所說的高峰經驗。

現在我們來摘述這些概念，並且說明他們如何作為治療的一種方式。道家所採取的觀之創造態度，是以「無欲以觀其妙」來看現象，讓事物展現其內在真實的精神。藝術家保有持續性覺察，以事情本來的面目來看並接受它。這種態度就是 Maslow 在討論創造性態度時所指陳的（Maslow, 1968: 96ff）：有礙於覺察的事物就會消失怠盡，無思想或想望的屏障來妨礙藝術家對真實的表達。在這種無欲，但是全神貫注的態度中，藝術家與萬物同在。與自然同調，個人就成為在整個無所礙的自然成長過程中的一個生命參與者。

傳統的中國繪畫有道家哲學為基礎，它也被用來培養自發和創造的一個修鍊方式。不能脫離生活中的道，它顯示著天地和諧、真人本質之展現，以及精神實體的示現；它的過程將內在經驗轉化成一個可見的樣態。中國宣紙上能留下畫筆任何一抹筆觸，甚至是一個水漬。當水滴在紙上，就永遠留下它的印記，所以要完全集中精神。而人們也學到生命就像一筆劃，一旦畫下，就無法拭去，也難以隱藏，只能轉為新貌。既然此媒介如此敏感，就要能放鬆並處於此時此刻地去作畫。

此歷程有助於案主提升覺察，並使之能體驗無所求，能去感應自然與環境。這種練習減少能量阻礙的可能性——案主將在不斷改變中的恆久當下，學會彈性、開放和完全參與。

我們能意識到道家看待世界的方式，就可以協助案主處於持續性覺察當中，不阻斷任何持續進行的真實，也不將個人的能量依附在未完成事件

中。案主較能以自然的態度去觀與回應，自在地去感覺和表達自己，並自由自在地成長。

 六、心理劇和社會計量學

▶ （一）心理劇

Moreno以團體過程的形式發展心理劇，其目的在於使個人跳脫文化傳承的束縛。這是一個社會原子修補的過程，去治癒人際關係，治療目標在於使個人能趨於自然且有創造力。心理劇過程有助於個案發掘原有的內化訊息，或在現階段無法運用已學到的行為，在記憶及身心或情緒裡所存留的既有經驗，卻又有礙於個案對當下的覺察，或有礙於他的創造力與自發。而導演則協助個案去確認這些需要表達出來的感覺，以使個案重獲能量並趨於自然。

Moreno在維也納開創了「自發性劇場」（Theater of Spontaneity），以孕育自然的自發性與創造性。在這個劇場裡，演員們被要求去扮演他們自己，沒有依循傳統的演員，那些演員不需要劇本就可演出，也無傳統角色。場景在過程中自然產生，觀眾參與演出，他們既是演員也是群眾和導演；傳統中的觀眾已不存在，每個人都是演員。

在此劇場，Moreno發現自發不僅能接受檢驗，也能被訓練。個人學到自然並能免於文化傳承的束縛，人們學到可用多種方式去回應生活情境。自發訓練能幫助演員變得更有彈性，並且較少倚賴習慣性的回應；過程雖耗時，但相當有效果。

　　與自發訓練密切相關的是角色測試之探索。角色試驗在於評量個人的角色行為：去測知其融入文化的程度（Moreno, 1953: 89）。角色測試是一種人格測驗的形式，它以個人的文化年齡除以個人實足年齡，測得個人之文化商數；它試圖區分角色知覺和角色演出的差異，但是此二者永遠無法完全分開。能充分對角色有所理解，並不意味將能妥善地演出（Moreno, 1985: 161-175）。雖然角色測試有其限制，但是仍較其他人格測驗理想，角色測試是具體且可見的。

　　Moreno將其身為製作人、分析家、導演以及表演者的技巧，與其身為精神科醫生的訓練和專業融合，並創立了一個治療性的劇場。他創立了心理劇與社會劇的劇場，而其基本精神則為自發性劇場。自發演員成為治療的代班人，即輔角。Moreno表示：「作為演員和協同演員，我們共同對整個宇宙負責」以及「真正的治療程序，其目的不下於包括全人類。」

　　Moreno認為，自我的發展仰賴個人在角色模倣、角色扮演和角色創造的自發性與創造力。「自我像一條河，源於自然」（Moreno, 1983: 8）。自我不是文化傳承的儲藏室，或者重要他人的銘印。

　　Moreno認為，嬰兒活在一個沒有分別的宇宙當中，嬰兒沒有「自我」的概念，角色存於自我之前。Moreno認為，人們可以把角色的概念帶到生命中所有的層面。角色包括三個層面——社會角色，呈現社會層面；心身角色，呈現生理的層面；以及心理戲劇角色，呈現自我的心理層面（Moreno, 1985: ii-v）。

　　對 Moreno 來說，每個角色都是由私有與集體元素所聚合的，分別來自文化與個人的片段；其角色演出愈是自然，則自我發展就愈有創意，「假如自發性之潛能無限，則自我潛能就不受限制」（Moreno, 1983: 8）。

▼/（二）社會計量學

社會計量學是由 Jacob Levy Moreno 所發明，用以測量人際關係。它也被用在處理團體衝突並製造團體凝聚力。Moreno 把人視為社會動物，而他把所謂的「心電感應」（tele）視為社會架構的網絡。他將心電感應定義為「人們對他人傳輸感覺的最小單位」（Moreno, 1953: 314）。在他的結論中，他指出心電感應不同於同理和移情，同理主要是一個心理現象，這是對他人隱私世界所持之單向感受（Moreno, 1953: 311-312）。而 Moreno 把移情定義為「心電感應的病態心理支流，同理則是情感分支」，他說：「心電感應和同理可被訓練；移情可以學著放棄的」（Moreno, 1953: 16）。

心電感應是一個社會現象，是一種抽象概念並無具體的社會實體；它應被視為是在所有團體當中，各社會原子內以及社會情感結構內的過程（Moreno, 1953: 317）。社會原子是人類社會組織中最小的單位（Moreno, 1969: 371），或由許多心電感應構成之「社會計量基體的最小單位」（Moreno, 1953: 721）。社會原子是大模式的次部分，由於個體心電感應的關係，社會計量網絡聯結不同的大群體。社會計量網絡，是社會計量社區地理大單位的部分組合。社區是最大構造即人類社會本身的社會計量總和的次部分（Moreno, 1953: 54）。

Moreno 把人類社會視為與物質的原子結構相似的結構。他把社會宇宙分成三個層面：社會現實、外在社會和社會計量基體。社會現實是社會計量基體和外在社會的動力結合；外在社會包括明顯與公開和可觀察的團體，它由合法的、非法的，以及未經歸類和組織的中性團體所形成；這些團體

就是文化原子。它們結合成為外在社會結構（**Moreno, 1953: 80**）。

　　社會計量基體不易識別，它可能被社會計量變成可見，且經常變化。社會計量基體由各式各樣的星座、心電感應關係、社會原子、人與人之間構成原子群聚，以形成具體的社會計量網絡（**Moreno, 1953: 80**）。經由綜合辯證而產生一個絕對真實的社會。在個人的創造與文化傳承之間會有衝突，此衝突同時呈現在個人與社會兩個層次。

　　文化傳承是所有創造性活動的基石，但也能成為妨礙的源頭。當然文化延續是重要的，然而當舊有文化不再能滿足新社會情境當前發展的需求時，舊有文化就無法發揮功能。社會和文化傳承的確提供人們所需，特別是遇到危機時，然而卻也可能使人逐漸被此依附所牽絆（**Moreno, 1953: 47**）。

（三）心理劇的歷程 [59]

　　戲劇包含三個部分：暖身、演出和分享。暖身過程由外圍到核心，從主角的生命中感受最小威脅事件開始。導演的責任是指導個案（主角）布置場景，在暖身過程中幫助主角選擇輔角，以及協助主角選擇舞台道具。主角被鼓勵去選擇心理劇中的時間、場所、情景及輔角。導演和主角一起合作；有時導演可能較主動，但是主角保留改變情景的權利。

　　心理劇成員最起碼要有一名導演，和至少一名受過訓練的輔角；當沒有輔角時，導演也可做輔角。個案／主角以第一人稱進行現在式的述說，個案／主角以事件正在發生的時刻演出，不用管此事何時發生，也不用在意此事是否出於個案的想像或幻想。個案實際演出而非只是口述故事，此演出將顯示出，主角如何內化此處境，以及他對此事在情緒上、認知上與生理的反應，以及憤怒、悲哀、憂慮，或者其他感覺和認知是如何累積在

其體內。

　　導演需要去接納個案所有主觀的知覺，並且鼓勵個案以最強烈的方式表達。先演出再做必要的調整。而主角的妄想、幻覺、自言自語、思考、幻想以及投射，也被視為劇中的一部分。

　　雖然心理劇的規章有時是「自發」和「強烈表達」，但是主角可能無法做到強烈表達。導演需要跟隨主角的步伐，並且逐漸幫助他們能從自我囚禁中釋放自己。個案缺乏自發性，並非表示他對心理劇作品有所抗拒，導演需要幫助個案暖身，以釋放阻塞的能量。

　　初學導演者可能對戲劇緩慢的流程不耐煩，並且用「自以為聰明的技術」加速戲劇的進行，這將打斷戲劇的自然流動。導演必須是在過程中最自然的人，並且依此歷程而走。在心理劇中，自我瞭解來自於演出，在演出及宣洩中領悟。心理劇是一個整合歷程，在情境建構中去詮釋，而非用言語解釋。

　　在心理劇的暖身過程中，導演必須尊重文化的差異性，每一個文化有自己的方式去營造心理劇；因此，每位主角擁有自己的文化規範，即使其可能生存在一般社會大眾的文化環境裡。

　　主角必須與其所有的重要他人交換角色，以克服其已內化的不平衡與扭曲的示現；如此可使主角得以用新的角度，學習重整這些角色。而角色交換協助主角超越那些不幸的經歷而成長，並使其得以開始自由自在。

　　導演將藉戲劇歷程，來抓取有礙個案察覺之阻塞的線索。暖身可在一開始就幫助主角去碰觸其當時的感受與需求；它使主角專注於其中，且更加自發。暖身是持續的，團體要先藉由暖身來產生主角；主角逐漸地被暖身以及碰觸其長期深藏於能量中的問題，就像剝洋蔥般一層層地由外圍向

內剝。

當主角提出一個問題時，戲劇即開始。導演要求主角注意場景的細節去鋪設場景，如此可幫助主角與會阻礙其創造性能量的未完成事件碰觸。

導演可幫助主角在場景內確認一個有意義的主題，確認何者在此，何者則不明確地在此。然後主角再選擇輔角在場景中所扮演重要他人之角色。

那些不在場景中之重要角色仍要被選擇，以備不時之需；不在場的角色也常與那些在場中的角色同等重要。情景的陳述（或者描述）要用演出的方式，而非只是談論他們而已；主角用角色交換的方式來陳述。

利用輔角來幫助主角暖身，接近事情發生的時間與地點，並使場景真實，以加強效果。輔角可以扮演在屋內的物品、價值、道德、德行，以及重要他人。輔角也能扮演上帝、魔鬼、善與惡。

有時輔角可扮演主角的替身，即扮演主角自己，有多種替身形式以及功能。對立的替身可用以加強主角內在的矛盾，替身常刻劃主角很多面貌、角色和面向。替身將自身置於主角的處境，去體會主角的感受；替身也能幫助主角探索最深層的感覺，那種因太害怕而不敢表達的感受。替身使用的技巧，如語句完成、暗示感受而非標記，或矛盾語法，以使主角能釐清自己的感受，並使其得以逐漸地從外圍移向核心。導演也必須與主角核對替身的正確性；輔角要去探索主角的心靈而不能有偏見。

替身也要以主角的姿態去助他／她發聲，並表達情緒，他／她要能以誇張的方式逐漸融入主角的世界，進而獲得主角的信任。主角的情感會隨著輔角益加強烈並誇張負面之獨白而起伏。角色交換使主角能整合來自替身的力量。

心理劇中一項主要技術，就是使主角成為重要他人的角色交換，此技

術策略性運用於單元活動裡。導演必須清楚角色交換的概念，以期在戲劇過程中幫助輔角和主角。在角色交換之前，對其他的角色進行暖身對主角而言是很重要的；同等重要的是，輔角要與主角交換身分，並做出他／她所扮演角色的肢體動作，這個過程也能幫助主角對後續演出進行暖身。

角色交換在以下五種狀態下運用：⑴需要資訊時；⑵在主角必須瞭解並體會他人的感受時，通常要帶起人們彼此間的感應；⑶幫助主角透過他人的眼睛看自己，猶如鏡子一樣，幫助主角對自己有所領悟；⑷引導主角趨於自發，並且卸除他／她的防衛；⑸主角是唯一能給這些問題建議和答案的人，做他／她自己的決定與選擇是主角的責任，而非場內其他角色，輔角不應替主角回答。

鏡照的場景，常用於協助主角與觀眾一起坐在外面來觀看他／她自己的行為，此將使得主角較為客觀。有時鏡照的場景也用於強化主角的感受，尤其是在主角很難去與這些感覺在一起時。運用鏡照的最佳範例可見於 **George** 的案例中。

戲劇以團體分享做結束，要鼓勵團體參與者分享因主角的劇所喚起的個人經驗；如果無人分享經驗時，導演必須與主角分享他／她的個人經驗，不可讓主角感到只有他／她有問題。

▼（四）社會計量學研究過程

社會計量學被 **Moreno** 視為是理論、哲學、方法學和實踐的整體組合，**Moreno** 試圖使用社會計量學來改變人類與其社會。他認為一個社會理論家或分析家，不能只瞭解這個世界，更該做的是去改變世界；他試圖以自發又具創造性文化之程序，來創立一個治療性的社區。社會計量學是一個行

動取向的實踐，旨在促進團體凝聚力和團體動力，不只是團體的評估或測量。團體成員被視為一個在此時此刻正進行共組社區的協同創造者，此過程首先由團體成員去選擇彼此，以此方式就可看出成員間的關係。人際選擇是依人際間的情感流動，Moreno 稱此情感流動為心電感應。心電感應是人際選擇的基礎，Moreno 將社會系統視為吸引－嫌惡－中性的歷程。

　　成員在團體中的關係，也可自其所選擇的位置而有所察覺。當衝突發生時，就要以會心來處理此情境；一如心理劇演出一般，在此會心中，就常運用角色交換和替身，會心可被描述為多角戲劇。導演會顧及此會心中的所有主角，可能是團體中一對一，或是一對多人的關係。如同心理劇一般，暖身、活動和分享是會心過程中之重要元素。

PART 3

易術幕啓

谷神不死、是謂元牝。

元牝之門、是謂天地根。

綿綿若存、用之不堇。

～《道德經》第六章～

此劇台為作者所設計，目前座落在美國密蘇里州聖路易大學。（此劇台原本放在一家醫院裡，而左右兩邊靠牆則是為了確保精神病患的安全）

Ｃ　ｈ　ａ　ｐ　ｔ　ｅ　ｒ　**06**

易術的治療歷程

一、易術作為團體治療的歷程

　　我對藝術治療、心理劇、文化劇與中醫的體悟，均是邁向易術之臨床
發展準備工作的重要階段。易術是團體心理治療的一種型態，也可運用在
個別治療會談中；其目的在於開啟個人、團體或團體間受阻塞的能量。

　　這個歷程始於心齋及坐忘，即是遠古的靜坐氣功，開啟人體經脈的能
量流動，運用放鬆、呼吸及想像打通任督二脈。當氣沉丹田後，便將意念
下移到下腹，再移向肛門、尾閭，循著脊骨向上升，自長強經腰俞、命門、
神道、大椎、啞門、腦戶至百會，從面部向下經人中至任脈的承漿、玉堂、
膻中、氣海、關元、曲骨至會陰。這個步驟相當於小週天，它包含了身體
的五臟六腑，以及頭臉、背脊等部位，並通過任督二脈。此功法必須靠想
像力，練久了之後，神經會因刺激頻繁而加強，肌肉也因之健壯，即可對
該處的組織或器官發揮保護作用。它連結了水與火之陰陽、腎臟及心臟的
兩種能量。

　　大週天將個人由氣的運作與宇宙的大氣相連。吸入宇宙之氣經人體曲
湧泉回大地。[60] 所謂元氣的運轉不只限於任督二脈，煉氣化神是促使氣與

神的相互交結融通。道門把神與氣歸一的效果稱作聖胎，古代所謂真人便達到了這個境界。莊子在〈大宗師〉一文中說：「古之真人，其寢不夢，其覺無憂，其食不甘，其息深深。真人之息以踵，眾人之息以喉。」

第二個步驟是以音樂促進呼吸並任由身體擺動。由佛教的梵唱與冥想音樂開始，逐漸加深強度，並導入喚起感情的美國印地安、澳洲、巴里島或西非令人恍神的當地本土音樂，藉由部落鼓聲和吟唱以引導參與者進入催眠狀態。鼓聲能與人們的心跳聲共鳴，並調節個人的內在節奏，而任由身體自在並自然地擺動。令人恍神的音樂，引導團體走一趟他們的靈魂之旅，以進入深層的潛意識。而音樂再次由深層恍神回到輕柔的冥想旋律，成員慢慢由銅鑼聲中甦醒。這將有助於成員更能覺知，並打開阻塞的能量。

緊接著成員開始在宣紙上以毛筆自由揮灑、進行繪畫過程。傳統上，繪畫被用來作為培養自發與創造的靈性活動，它能使個人將與音樂共舞的內在經驗過程具體地展現出來。選擇宣紙與毛筆是基於它們的敏感度，它們甚至能記錄每一時刻手的顫抖，每一滴水滴將永遠在宣紙上留下痕跡；無疑地，這過程教導我們生活要像毛筆的輕觸，一旦留下痕跡，即不能抹滅，人只能由此往前而不能復返。畫作也記錄了繪畫者心理的完形。

下一步是演出畫中每一圖像與顏色，說出它們的聲音、動作與字眼。藉由這些圖像與顏色的動作與聲音，案主能觸及隱藏其下的感受與意義。有時，當演出每一個顏色或圖像時，案主／主角將會被要求做一些語句完成活動，這些句子是以「我覺得」、「我需要」、「我怕」等等起頭的句子[61]。團體成員被選作輔角，演出這些顏色與樣子，輔角不僅要注意主角所呈現出的聲音、動作與所說出的句子，也要注意角色之間的關係，由案主展現出的位置與關係。主角將坐在群眾間去觀看整個演出，好像它是別

人的劇一般，角色關係的模式、動作、聲音形成主角心靈現實的完形。

音樂、舞蹈、身體動作與繪畫，能使主角接近他／她隱藏於需求下的意象，以及常被個人意識阻隔在外的衝動與天生的傾向。而繪畫將個人內在需求外化，就像地圖一般，繪畫引導案主釋放那造成情感、身體及心靈困頓的能量阻塞。

透過心理劇的程序，例如：角色交換、替身、鏡照及獨白，伴隨協助案主釋放氣血不通的工作，完成進一步的探索。當處理氣血不通時，特別要注意調節督脈和任脈[62]。督脈沿背脊由長強（尾椎）向上經百會（頭頂）至齦交（上頜）；任脈在胸前由承漿經膻中至會陰。中醫的氣功，可以用聲音語調與身體動作處理氣血不通。有時候需要停止戲劇演出，而專注在疏通氣血上。

當處理個人氣血不通時，傳統中醫的五行與相關的情緒理論是重要的。如前所述，五行關係和其相生相剋的過程能被應用來以情制情[63]。

在適當時刻可運用幽默與大笑，笑聲與心脈有關，打開心脈常常改變病程而進入佳境。Norman Cousins 在他的著作《疾病解析》（*Anatomy of Illness*）一書中，曾寫出他看著查理・卓別林（Charlie Chaplin，默劇笑匠）的錄影帶時，竟由致死之病中大笑而癒（Pert, 1997: 166-167）。

根據傳統中醫，愛是一種感受，它能在體內製造內啡鈦（內分泌荷爾蒙，有鎮痛作用），可提升免疫力並治療病痛。

記得先前提到 Arlene 和 Bob 的故事。Bob 如何用一朵紅玫瑰和親吻治癒 Arlene 的頭痛。這是愛[64]治癒了她。這是一個生理、心理、社會與靈性的過程，情緒支持是開啟案主健康之鑰。在每一劇結束時，案主就會自他／她的任何一位重要他人或團體成員得到正向支持。

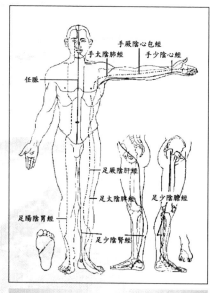

圖 3　任脈

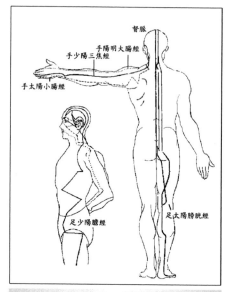

圖 4　督脈

二、易術作為文化劇的歷程

　　易術不僅朝向內在、人際及超個人關係的處理，也著眼於不同文化與種族間的和諧。我們使用文化劇來處理文化間的衝突，目的在解決因文化及種族差異所引起的衝突。文化劇的歷程也是由藝術、音樂、演出、Moreno 的社會計量、角色理論、中醫的氣功所整合的。

　　易術的步驟採取了心理劇多數的形式，例如：暖身和演出；與心理劇有所差別之處在於，會使用氣功、中國畫、巫術音樂（薩滿是能和善惡神靈溝通、能治病之人），及以人體中的穴位調整氣，而得以使個人內臟的

功能與情緒得到和諧。

　　文化劇的暖身則因個別文化與情況而各有差異。它始於如前所述的冥想氣功，緊接著是配合不同文化或種族所挑選之音樂的舞蹈／動作。舞蹈／動作之後，參加者被邀請進入一個團體，在一個巨大的床單上作畫，想像來自多元文化的團體開始聚在一起，他們因沉船而別無選擇地留在孤島上並互相依存，每一個人在布上作一張畫去呈現她／他將如何求存活。來自同一文化或種族背景的人們聚在一起是常有的事，剛開始並沒有互動或合作，每一個人畫出他／她此刻所彰顯的個人象徵。當他們演出他們的象徵，並說出他們的故事時，文化主題或種族差異就會浮現。文化劇多年來已被運用在多種文化中。

Chapter **07**

易術歷程之案例分析[65]

一、個案分析──珍（1998 年冬）

◢（一）長期便秘

　　珍是一位四十五歲的中國婦女，她罹患多年便秘，曾歷經中西醫治療卻無顯著成效。

　　我要她自由舞動，讓身體隨著音樂旋律而行。先以輕盈的冥想梵音開始，冥想式的佛教梵唱低吟，漸漸引入非洲、澳洲的土著音樂，最後緩緩引入冥想的氛圍。休息幾分鐘後，我讓她畫出由舞蹈中浮現的意象，然後珍被要求扮演畫中每一個顏色及意象，我建議她隨著每一個顏色舞動，直到她能觸及每一個顏色的感受或聲音。圖畫通常是個人現況的完形。

　　她挑選團體成員去演出每一個顏色，而使圖畫栩栩如生。她被要求坐在觀眾席中，觀看圖畫動作就如觀看鏡中影像的她。這過程使她想起約六歲時的家裡情況。她說她目前在家情況也是一樣混亂，她正與她先生在辦離婚。她說她的先生曾性騷擾她的六歲女兒。

　　心理劇的演出將她帶回到自己六歲時的童年。她記得她在房子裡，每

121

個人都不在，叔叔帶她到臥房並侵犯她；叔叔告訴她不能說，否則將殺害她。當她母親回家後，注意到她怪怪的，詢問她發生了什麼事情，所以她告訴了母親這件事。她媽媽不但不相信她，還叫她保密，勿使家人蒙羞。

如前所言，悲與愁傷肺，並影響心（儲神）、腑與三焦，這些身體部位調節消化系統的新陳代謝。悲傷嚴重地阻礙氣的運轉，而導致慢性便秘，我們也知道悲傷和生氣是相關的，悲傷抑制生氣的表達，有些聲音和這些情緒表達有關。

我要她開始發出嘎嘎的音，直到大喊出來；同時也鼓勵她用出氣棒[66]使勁地表達憤怒，表達生氣後她即能釋放出哀傷。同時，我幫助她打開圍繞在脊椎旁的督脈，要她躺下，由胃發出啜泣聲[67]。那時她開始能像個嬰孩般嚎啕大哭。

用愛療傷；心脈與所有情緒、心智有關，愛與喜屬於心脈作用。我問她是否有人真正關心她，她提到一個朋友，我讓她選一個團體成員扮演她的朋友，並擁抱她，給她支持，同時背景中響起撫慰音樂。被呵護一會兒之後，在心理劇演出中，她能面質她的媽媽、爸爸及她的先生。

如上一章所述，她的便秘與情緒失調，和內臟的氣血不通有關，在情緒釋放後，氣血就流通了。生氣和哀傷的釋放使她確認並滋養了她自己與她的女兒。這個劇做了將近四個小時，在劇結束時她的臉色很奇妙地發光。隔天她告訴我，她的便秘痊癒了。經過六年追蹤，珍已不再受困於便秘症。

▰ （二）討論

(1)藝術表達的治療性運用促使案主能將未竟事宜，由隱性走向顯性覺察。創造性過程和其產生的藝術作品共同朝此目標而努力；(2)冥想氣功、

心齋助人提升自發並使案主處於持續性覺察中；(3)傳統中醫經絡學可打通身心靈的氣血；(4)心理劇中的角色扮演和角色交換與藝術意象引導她去疏通未竟事宜，進而打通氣血。

道家的冥想氣功或心齋，使她處於此時此刻之中，所以她能專注於當下時刻，暫時不再懸念於未竟事宜，但並非否認它。若一個人及早被訓練進入道家的冥想氣功過程中，那麼，將無未竟事宜需要處理。甚至，道家並不鼓勵人們在心齋過程中處理未竟事宜，它幫助個人心靈不再受壓抑或箝制，此歷程有助於人們更能覺知有何事潛伏在其隱性覺察中。這未竟事宜將被投射在自發的繪畫中，這些畫將引入演出與能量釋放，致使未竟事宜得以處理。

進一步而言，對覺察以及觸及此等需求的恐懼，可以由心齋破除。在畫國畫的過程中，心齋幫助個人能與外在和內在的世界達到和諧，它幫助個人覺察成長的自然歷程；如此，人就能意識到毋須抑制任何情感與未竟事宜了，她學習接受她自己，在接納自己是其所是之時，她就更加成為自然的人，而不僅是一個對周圍世界的回應者或機器人。

二、個案分析——喬絲（2001 年夏天）

（一）案主手稿（第一部分）

我十一歲時，在 HDB 大廈隱秘的樓梯間被一個陌生人強暴。當我長大後，慢慢瞭解這件事所代表的意義，此創傷的結果打亂了我的生活。包括：我個人對安全的恐懼、對肢體親密的厭惡，以及因暴力和受害而生的倒敘

現象，和惡夢折磨著我成長的歲月；我也為與年長男人間緊張與不穩定之關係深受困擾。

在創傷事件五年後，我尋求專業協助。包括：眼動減敏與歷程更新療法（EMDR）、認知行為治療，這些個別治療大大有效地舒緩我的創傷後壓力症狀群（PTSD）；然而，對安全、親密的恐懼與疏離感受，仍然在我心中。

直到去年6月，我的治療師邀請我參加新加坡首度公開的心理劇工作坊，使我全然地戰勝我的童年創傷。

我沒抱任何期待地進入一個四天的工作坊，並未準備要對其他參與者（除了我的治療師外，其餘都是陌生人）表露我的過往。

一位參與者不經意的評論指出因社會恥辱而帶來的情緒傷痛，並未讓我釋懷。我的治療師一再保證這是一個安全環境，我可以坦露過去，她熱切地期望我能從揮之不去的恐懼中釋放出來，能去當主角，而我不後悔這個決定。

當工作坊導演龔鉥博士要我與任何我不信任的人做角色交換，並獲得他們保密與接納的確認時，我所有的疑惑都不見了。在這昏暗又安靜的房間內，我被問及我想要處理什麼？我用顫抖的情感回答說：「我想要能完全掌握我的安全感，我不想再被擊倒。」我簡短地告訴龔鉥博士所發生的事，她就請一對受過心理劇訓練的夫婦演出性暴力場景。我被告知去把加害者從我的替身處推出門外，我仍像過去一般的無助，我懷疑自己是否能完全辦到。經由龔鉥博士的鼓勵，內心所有的傷害、憤怒與不公平都浮現出來，我鼓起所有的力量將他從這個女孩身邊拉開，並把他推到室外。

輔角所扮演十一歲的我和十八歲的我接著做角色交換，前者敘述著所有的感受：我不純潔了、我是不好的、當他由監獄出來之時我害怕會看到

他⋯⋯，一陣靜默之後，我同理地回應：「我有世界上最純潔的靈魂，我能保護妳。」為了確保我所說的，我被告知對室內每一個人重複我能保護自己的承諾。在深呼吸及顫抖的情緒中，我告訴了每個人，隨後我被告知：跪著，重複地將抱枕用力打在地上，大聲喊「哈」，直到我累了。當我重擊抱枕大約十到十五分鐘，儘管是精疲力竭，我感受到深埋體內的一股穩定的情緒流被釋放。當我最後停止之時，龔鉥博士說：「妳身體堆積了很多生氣與受傷，妳的呼吸與消化系統已受到影響。」又說：「當妳難過時，誰能聽妳分享呢？」

我回答：「我自己。」龔鉥博士說：「你已經吞下所有的傷害與憂傷，妳還能與誰分享？」我提到一位友人的名字，並挑室內一位成員來扮演她。我選了我的治療師，在一個坐墊上，我把我的身體倚在我的朋友身上，以心對心，此時撫慰的音樂由背後響起。我能感覺到自己緩慢而困難的呼吸與內在情緒激流的淨化；對於一個逃避身體親密接觸多年的人而言，這親近的溫暖是如此清新。當我熱淚盈眶時，我驚訝的感覺到我的朋友─我現實生活中的治療師─也在啜泣。我所認識一向平靜、自信、鎮靜的治療師也為我而哭泣，與我一起哭泣，我深深地被觸動更不在話下。

當我安靜下來時，龔鉥博士問我還想做什麼？我想要一個擁抱。龔鉥博士邀請每一個想要擁抱我的人靠過來。一條線排開來，當每一個人緊緊地擁抱我時，我又再次熱淚盈眶。

在團體分享前我們休息片刻，分享是每一齣心理劇的重點，不准有人對劇做評論，或給主角建議與鼓勵。分享時刻只是其他人分享因看劇而引發的個人經驗或情感，這保護了我，並使我覺得我並不孤單。在人們開始分享他們的故事前有很長的沉默。有一些人是在沐浴時被偷窺，有一些人

則是在海關檢查站時被脫光衣服。一個我認為看來無憂無慮的女孩，在她坦露亂倫的過往時，情不自禁地哭了起來。自從受創以來，我第一次由共同性中找到力量，疏離感永遠消失了。

　　隔天早晨我有重生的感覺，我由過去陰影中釋放出來，並準備好重新開始我的人生。三個月以後的今天，當我覺得自己脆弱時，我想到自己對二十七個同伴，包括龔鉥博士和我的治療師所做的承諾。在我對這許多人承諾之後，我怎能不積極地保護自己呢？把高大的加害者拉出房間，讓我對自己的力量有強大的信心，我有能力保護我自己的。對我最重要的是，我有來自同樣是倖存者的支持，自此我們兩個變成相挺的朋友，我們分享類似的過去而產生的相互瞭解，帶來了力量。

▰ (二) 案主手稿（第二部份）

　　心理劇對我來說，是全新的經驗。只知它是一種情感形式的團體心理治療。對個人成長的渴望，將我帶入新加坡首度公開的心理劇工作坊，我非常驚訝它療癒與再生的力量。

　　每個人在工作坊開始時就須簽下保密協定，此舉動很重要，是為了提供一個人們得以自由分享個人私密的安全環境。工作坊由暖身開始，我們每一個人以第一人稱介紹另一位同伴。我們要以對方的肢體姿勢與說話習慣表達，這使我們進入後來的角色交換中較不費勁。在第一齣心理劇之前，用顏色來解開主角內心深處的感受、需求、恐懼與渴望，緊接著是音樂與藝術治療結合在一起。戲劇的不同元素，如佈景、角色交換、角色扮演，同時也併入其他心理治療元素，例如疏通氣血。在每一齣劇結束之後進行分享，使其他參與者揭露相似經驗，並為主角提供其同感的撫慰。

身為主角，我的確能從演出我的劇中獲得利益，對舊問題採取新的解決方法。在另一個心理劇中，扮演女兒、朋友或主角替身（當需要時，他／她可以選擇任一參與者代表他／她生活上的人們），我察覺到我以前所疏忽掉我生活中的盲點。當一個單純的觀察者，我看到一個人對另一人恨的投射如何投向第三個人而導致問題。由角色交換中，我學會了欣賞另一方的立場，並瞭解他行動之源由。心理劇的好處說不完，因為心理劇的可能性永無止盡。

戲劇、藝術治療、心理治療、中醫與哲學的混合體，刻劃出龔鉥博士心理劇的特點，並非僅提供緩解人們世上的憂慮，我在台灣[68]參加的心理劇工作坊，使我們溫柔地喚起許多童年的快樂時光，我曾做過的有意義的事，並重新演出它們。當我佈景與擺上道具、由團體成員中選出玩伴、重溫上幼稚園時玩躲貓貓的快樂童年記憶，我開始清楚我的童年並非如我所想的全然黑暗與悲哀；我的童年有很多歡樂的時刻，但那時的我卻只專注在不幸的片段。

最近的三個心理劇工作坊是兩個多月前參加的，我那深層的恐懼、渴望與需求的重整仍然持續著。在心理劇中想療癒與創造的力量是無窮盡的，年齡、性別、語言與其他差異變得微不足道。剛由五專畢業的我是最年輕的參與者，但我仍然收穫良多。無論如何，最重要的是一個人想改變牢不可破之知覺與舊反應。我能透過心理劇重新改編我的生活，因為我渴望接受新思想、處方，並相信工作坊導演將引領我。那支持又積極的方式使我從心理劇成長最多。

我發現心理劇對個人傾向、強弱有清晰的描繪，例如：一片布圍繞在主角腰際，一端由代表完美主義的替身握著，當作使她完美主義個性的束

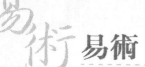
縛象徵，她想要像這樣永遠被纏住或者出來嗎？如果她選擇出來，她需要讓身體由圍繞在自己身上緊纏著布中釋放出來，她將會繼續、並面對她完美主義的替身，允諾她要如何減低對完美主義的渴望。我曾經當過主角，我知道在一個人的心理劇中之承諾是何其有效，因為人們會感受到被迫去尊重自己的允諾。

　　心理劇只有掌握著無限與巨大的可能性；在四天工作坊的最後階段，當我們做社會計量時，我瞭解到不信任、緊張與不安的人類障礙都只是人為的組成，是可以在任何時間被解除的。一個抱枕被當作工作坊團體情緒的中心點，而我們選擇一個定點，代表與它的距離。當我站得遠離它時，是因為我覺得被一些其他參與者批判，我被要求去將他們指出，並與他們作角色交換，這個過程使我瞭解到我的情緒是沒有根據的。所有的緊張都不存在了。

　　三年後的追蹤發現，喬絲的心境甚佳，她在大學繼續就讀，並與校內男同學交往，這是她過去做不到的。我問她是否能在書中引用她的敘述，我告訴她我會改一些措辭而使她不被認出，她說：「不必！我對自己有很好的感覺，用此真實資料沒問題。」以上全是案主的手稿，並未改一字。

三、個案研究──喬治 [69]（1983 年 6 月至 1984 年 6 月）

　　此個案寫於 1984 年，在喬治與我的治療關係結束之後。理論源自禪與道家學說；完形、心理劇、中醫、中國繪畫過程 [70] 與道家的靜功（心齋與坐忘）[71] 則為治療的基礎。我仍然是心理劇的初學者，導劇的過程是用完

形心理治療處理夢的方法[72]，據我所知這種做法是受到心理劇的影響的。

1983 年 6 月，喬治被轉介到我這裡進行治療，這次治療持續了十三個月。喬治是一個五十二歲的天主教神父，因為焦慮和強迫行為而被轉介治療。他在南美洲從事傳教士的工作二十年，但是最後五年他沒有辦法執行他所負責的工作。因為在每一次彌撒之後，他總是爬行著尋找可能殘留的聖體餅屑，他沒有辦法聽告解或是做彌撒；他會走出教堂外去尋找步道上面的樹枝和石頭，以避免有人因為這些東西而被絆倒。他認為他沒有資格成為神父，並認為如果他無法做得好，就會因此而下地獄。他承受著相當大的痛苦，他的修道院院長發現這種情況，決定將他帶回美國接受治療，並且轉介給我。在這之前，他已接受一位精神科醫師五年的治療，但是口語式治療對他並沒有幫助。

喬治在 1983 年 6 月 11 日開始接受治療。他穿著整潔，看起來固執而多疑，他以簡短的句子應答。他表示他不相信有任何人能救他，並說他是無法被救贖的。他的修道院院長命令他來這裡試試看，但他不確定這樣的嘗試是不是值得。他表示沒有服用任何藥物，因為他寧願死掉也不願意服用藥物。他顫抖，有神經質，緊張且眼皮抽動著。

在會談時，他皺著眉頭、面孔緊繃、煩躁且坐立不安，並說經常覺得胃部不適、腹瀉、頭暈、冒汗，雙手冷而濕黏，然而醫生卻找不到任何毛病。他說他知道註定要下地獄，他對他所做的所有的事都戒慎恐懼。他看起來似乎罹患了廣泛性焦慮異常。

約有一年的時間，我與喬治一週會面四次，一週治療時間為七小時。其中兩小時為個別治療，內容為自發的繪畫，導引式想像法或其它想像歷程；另外的兩小時進行團體治療，採用道家的觀與中國繪畫的方式；其他

三小時為表達性治療[73]。我要求喬治以繪畫寫日記，並提供他所有藝術作品所需之材料，要他做家庭作業，而內容包括：塗鴉、繪畫及體驗大自然。

每次個別治療都是以寧靜片刻開始，此時他和我一起做心齋。接著我們回顧他一週的藝術日記，討論上週的畫作。接著他畫下此時此刻的情緒。他會做抽象畫式的塗鴉，然後以此形成意象，或是畫些具體的事物。此類個別會談每週進行兩個早晨，每次一小時。每週有一個下午，喬治與其他個案一起在團體中作中國畫。

如果天氣許可，團體會移到花園體驗大自然（在這裡，季節的花朵會盛開著）；若氣候酷寒，參與者會隔著窗戶觀察樹木或是觀察室內的植物。這樣的觀察著重於自然生長的過程，以及認同位於其中的自我，然後我會教他們中國畫的基本要點，教他們如何拿毛筆，教他們各式筆觸，然後個案就會畫出當天對大自然的體驗。若菊花為當季花卉，我會鼓勵他們確認花的生長過程並畫下他們，一旦完成繪畫，我鼓勵他們作詩或至少為這些畫作命名。這些畫就與他們在個別治療時，或在日記本中的自發繪畫共同成為表達性治療團體之戲劇演出的靈感，進而探索這些意象的意涵。

治療團體由五位女性和五位男性修道人士所組成，其中含多種診斷，如：邊緣性人格、焦慮、躁鬱症、輕鬱症、適應異常、重度憂鬱症、懼曠症及其他官能症（罹患成癮症，如酒癮、性癮、藥癮等之個案不在其內）。這個團體每週會面二至三小時（有時當個案需要更長時會超過三小時）。

在每次個別治療，我們以心齋開始，打開體內能量的穴道，以使我們有清靜且專注的心。接下來我會請個案畫出心中浮現的任何影像。

在下一週表達性治療時，喬治被選為主角[74]，他的畫作在團體中有了更多的探索（見圖5）。

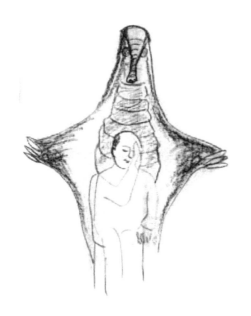

圖5 「一隻綠色的怪獸站在我身後，用爪子及憤怒的雙眼威嚇我。威脅與被毀滅的感受，因我父親而來」

治療師：「和怪獸角色交換。」（喬治用銳利的眼神和邪惡的爪子扮演怪獸，並且大聲咆哮，準備攻擊）

治療師：「選一個人做你，選一個人做怪獸。」（兩位成員被選出分別扮演喬治及咆哮著準備猛撲的怪獸）[75]

治療師：「這怪獸讓你想起你生命中的什麼人？」

喬　治：「我父親，但把他與怪獸相比，讓我有罪惡感。」

治療師：「這是個治療活動，你可以做你所需要做的。」

治療師：「現在我們回到你覺得像現在這樣，你被父親威脅的時候。」

喬　治：「我現在三歲。」[76]

治療師：「請你蹲下來，三歲的孩子和現在的你有不同的眼光。」
（喬治蹲下來）

治療師：「你在哪裡？把場景佈置出來。」

喬　治：「我在客廳。」

治療師：「是哪一天？在什麼時候？客廳裡有什麼味道？」

喬　治：「星期四，這一天媽媽總是會做炸雞，大約是晚餐的時
候。」

治療師：「告訴我們客廳裡有什麼？」

喬　治：「有沙發、一把搖椅、一個有鐘擺的大鐘，耶穌的十字
架掛在牆上，深褐色的地毯鋪滿地板。」（喬治將場景
佈置起來）

治療師：「在客廳走一走，感覺一下腳下的地毯。」（喬治四處
走動）

治療師：「有窗戶嗎？」

喬　治：「有！」（治療師和喬治一起走到窗邊）

治療師：「在窗外你看到什麼？」

喬　治：「在街道另一邊是鄰居的房子。」

到目前為止我們所做的，包括專注及繪畫的過程，都是為更深層的工作
做準備，幾乎像是催眠，要讓個案跳離理智層面。這過程幫助喬治一步一步
接近他生命的核心議題，以感官覺察來設景，對主角來說有催眠效果[77]。

通常要讓主角觸及核心議題是很困難的，因為我們傾向篩選掉腦中痛
苦的記憶，以避免人們被全然毀滅。這些隱藏於意識之下的記憶，我們稱

之為隱性覺察，它們從來未曾消失，卻會束縛人們的能量。在藝術治療的過程中，這些未竟事宜顯現在意象裡，這對個案來說較不具威脅性，而心理劇的演出，讓這些意象得以延伸並深入潛意識層面。

治療師：「選一個人做你的父親。」（喬治自團體中選出一人）

治療師：「角色交換做你父親，像他一樣走路。用第一人稱來介紹他。」（喬治走路僵硬，筆挺而堅定）

父親（喬治）：「我中等高度，大概五呎十吋。」（喬治用權威的聲調說話）

治療師：「這裡還有其他人嗎？」

喬　治：「我母親。」

治療師：「選一個人做你的母親，做角色交換，扮演你的母親。」（母親的體型較小，背部微彎曲，看起來堅忍而冷漠）

治療師：「在這房間裡面還有什麼東西嗎？」

喬　治：「還有十字架上的耶穌。」

治療師：「和耶穌角色互換。」

治療師：「耶穌啊（喬治），你有什麼要說的呢？」

耶穌（喬治）：「要順從你的父母親，不然的話你會下地獄。」（喬治角色互換成耶穌，看起來嚴苛而具有權威）

治療師：「選一個人做耶穌。」

這個場景開始在星期四傍晚，他在汽車工廠做技術師的父親剛下班回家。治療者要他調整房間的光線（在那裡有五種顏色的燈光，每種燈光有自己的調節鈕），藉由調整光線可以呈現出事情發生的時間。房間的氣味

是廚房飄來的炸雞味道，扮演母親的輔角 [78] 自廚房步入客廳。喬治指導輔角扮演合適的角色，將場景重現出來。

> 母親（輔角）：「喬治又犯錯了，我在浴室逮到他，他在浴室玩
> 　　　　　　　弄他的生殖器。」
> 父親（輔角）：「我告訴你多少次，叫你不要那麼做。」
> 　　　（父親〔輔角〕從褲頭抽出皮帶，開始鞭打喬治〔輔
> 　　　角〕）[79]
> 耶穌（輔角）：「喬治，你將會下地獄。」
> 母親（輔角）：「啊！聖潔的聖母瑪利亞，願上帝與妳同在。」
> 　　　（母親跪下開始禱告）

輔角重現當時的場景，並加以誇大表現。喬治雙眼閉上，站在治療師旁。首先，喬治（輔角）彎腰，頭枕在沙發上，接受鞭打，而另一個輔角被指導用力的鞭打沙發及地板（不是實際鞭打身體，輔角被指導不要讓任何人身體受傷）。場景呈現了鞭打聲，父親大聲說話聲，母親的祈禱，在十字架上的耶穌聲，藉由這些聲音的重現將主角帶回童年事件的苦難。

喬治站著，無聲的啜泣，接著放聲大哭。治療師在地面上放置床墊，讓喬治俯臥，藉由在脊柱上施壓將能量向上推出，幫個案打通督脈。治療師指導喬治張開嘴，讓他吞下多年的哭聲得以釋放出來。

根據傳統中醫理論，哀傷阻礙陰性器官，即肺的能量流動，造成胸悶；而陽性器官如大腸，就會有便秘或腹瀉的現象（腹瀉是喬治的症狀之一）。在正常的情況下，肺部的氣順著心的經絡下降，以維持健康的生命活動。哀傷使賴以維生的氣消散並且使免疫系統受損。它使心包膜（陰性器官）

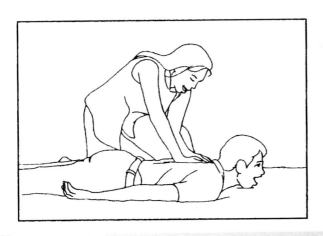

圖6 「打通督脈」

及三焦（陽性器官）受損，削弱心臟的氣。變弱的心臟容易憂鬱，這造成了惡性循環，大哭可以打通阻塞在肺部的氣，讓氣得以正常的下降。

憤怒，與肝臟相連，通常被與肺臟相連的哀傷所阻礙，就像金剋木，肺臟與肝臟彼此牽制，也同時互相依賴以維持氣得以協調暢通。釋放喬治的悲傷後，我們必須幫助他釋放憤怒，接下來的場景，即為此應運而生。

同樣的場景為喬治第二次演出，這次喬治張開雙眼。喬治坐在群眾裡，在治療師身旁觀看。坐在外面觀看扮演他的輔角，對主角來說是很重要的，尤其是當他無法觸及在此情境下之感受。

治療師：「喬治，你在教堂當神父有多久了？」（治療師問喬治）

喬　治：「十五年了，但那是很久以前的事了。」

治療師：「你幫助過多少曾如喬治般遭遇的孩童？你有幫助過曾這樣被父親毆打過的孩童嗎？」

喬　治：「有，但是……」

治療師：「那是喬治的錯嗎？他應該被這樣處罰嗎？」

在治療師與喬治對話時，鞭打聲與哭聲持續著。突然地，喬治走向父親並阻止他。扮演父親的輔角，被指示不要讓主角很容易阻止。喬治使盡最大的力量，將父親手中的皮帶奪走，並試圖將父親趕出劇場之外。

這種情形常在主角在場外觀看的時候發生。當主角處於其本身的狀態下，尤其是在面對自己的父母親時，他可能無法觸及自己的憤怒。而在鏡照的場景中，當主角看見孩童被暴力的對待時，他看見了不公義的事，他會願意去反抗施暴的父母親來保護小孩。這樣一來，喬治可以發洩出對他父親長期潛抑的憤怒。但要注意的是要保護輔角，避免使輔角受傷。團體裡的一些人抓住床墊來保護輔角，要扶住他以防他跌倒。

治療師：「你想對小孩和媽媽做什麼？」（當父親被推出舞台外，
　　　　　治療者對成年喬治說）
喬　治：「媽媽，請回到廚房去，我想要和喬治獨處一下。」（三
　　　　　歲的喬治由輔角扮演）

藉由鼓勵主角去保護自己所照護的小孩，來賦予主角力量是很重要的。我們需要用一些方法來處理場景中每個重要的人。然而因為時間的限制，我們需要對此治療有所限制，只處理與父親相關的未竟事宜，而與母親的部分則留待日後再說。

喬　治：「這不是你的錯，你不需因你所做的事被處罰。你只有
　　　　　三歲，你對自己做了什麼並不瞭解。除此之外，所有的

　　　　孩童都會對自己的身體感到好奇，這沒有什麼。」（成

　　　　人喬治走到由輔角扮演的孩童身後用雙手環抱孩童）

治療師：「角色交換，向小孩重複父親所說的話。」

喬治（輔角）：「這不是你的錯，你不應該被處罰，這沒有什

　　　　　　麼。」（成人喬治〔輔角〕對孩童〔喬治本身〕重複剛

　　　　　　才的對話）

喬　治：「但是為什麼爸爸要打我？」

治療師：「角色交換。」

　　對主角來說，聽見自己沒有錯是重要的，需要讓主角回答所有的重要
問題。團體成員或治療師不應給予指示或說教。

喬　治：「你父親錯了，我們必須告訴他。」（小孩〔輔角〕被

　　　　成年喬治安慰）

　　在下一個場景，父親被重新帶回場景，在當時個案已經五十二歲，而
個案父親已經死亡。所以我們從天堂將父親帶回（個案說父親在天堂，治
療者必須依主角的指示）。

治療師：「在生命當中，我們常不知道自己做了什麼，但在天堂，

　　　　我們對事情看得更加透澈，也瞭解我們以前所不知道

　　　　的。」（這必須符合主角的信仰，如果主角拒絕建議，

　　　　就要使用別的方法來解決這情況）

　　主角接著佈置接下來的場景，父親穿著白色長袍坐在一張金色的椅子

上，而燈光是微黃的。成人的喬治與父親對話。

> 喬　治：「為什麼你要用這樣的方式處罰無辜的孩子？他沒做錯
> 任何事。」

> 治療師：「角色交換。」

> 父親（喬治）：「你知道自慰是很罪惡的事，顯然的，應教孩子
> 不可這樣。你媽媽已經告訴你不可以，你還這樣，這就
> 是為什麼我要打你。」

> 喬　治（輔角）：「但是，爸，我只有三歲，我不懂。而且我不
> 知道什麼是自慰，你沒有權利因此而鞭打我。」

> 父親（喬治）：「我猜想我不知道還有更好的方式，這也是你的
> 祖父養育我的方式。現在我在天堂，我知道我錯了，你
> 肯原諒我嗎？」

> 治療師：「角色交換。」

> 父親（輔角）：「你肯原諒我嗎？」

> 喬　治：「我會試試看，但需要一點時間。」

最後的場景回到第一幕場景，成人喬治所扮演的父親回到家中，並安撫他三歲大的孩子。在這個場景，成人喬治也面質在十字架上的耶穌。一場辯論於是展開。喬治受前梵蒂岡教義，在那裡自慰被認為是不可赦的罪，現在被視為無意中犯的錯，而不再是罪不可赦的行為。

> 喬　治：「主啊！為什麼在我只有三歲的時候，你就告訴我，我
> 將會下地獄！」

治療師：「角色交換。」

耶穌（喬治）：「我並沒有這麼說，是你的父母這麼說，他們過
去被教錯了。我相信愛而非懲罰。孩子應該被愛。你只
有三歲，即使你真的自慰（而我不這麼認為）這也不是
罪惡。小孩子可以觸摸身體的任何部分，不應該被阻止
對身體有所好奇，你不會因此下地獄。」

治療師：「角色交換。」

主角需要在自己的角色裡，聽一遍耶穌對他所說的。

耶穌（輔角）：「你不會下地獄。」

劇在此落幕！

團體成員分享自己被父母親嚴厲及不當懲罰的經驗。

接下來的個別治療療程顯示了喬治的憤怒。他說道：即使認知上他知
道他沒錯，在情緒上他仍無法擺脫那隻怪獸。有許多憤怒湧出，他想要摧
毀在他身體裡的怪獸（圖7）。

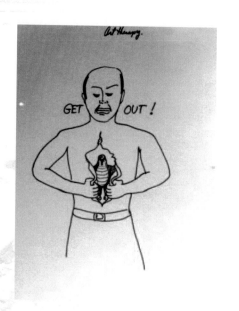

圖7　「當我看見我體內的怪獸，我覺得感到憤怒以及生氣，我想要摧毀牠」

　　他的畫作持續顯示深受綠色怪獸的支配。

　　氣功的運行藉著出氣棒並發出「he」聲，來使他表達他的憤怒。喬治被引導去想像能量自脊柱產生，經督脈到頭頂，順著任脈至下方丹田[80]。這使他打通了任督二脈。

　　正如我們所知，心齋使喬治放鬆，而藝術治療中的創作過程，就使其隱性覺察成為清晰的顯性覺察。這個不易覺察的感受，先投射於有綠色怪獸站其身後的畫作裡，藉由演出的創造過程，喬治瞭解到這綠色怪獸就是他的父親。恐懼及罪惡感讓他無法觸及自己對父親的憤怒。

　　演出過程幫助他瞭解孩童經驗如何成為一個障礙，阻礙他自發的自然傾向，讓他無法自由地探索自己的成長過程（例如對自己的身體），也讓他能夠經驗自己對父親強烈的憤怒。藉由將父親丟出舞台的演出過程，將過去被壓抑憤怒的能量釋放出來。只有在釋放悲傷及憤怒之後，才能對自

己有同理心。接續著將父親的負面形象拋出生命的舞台，他就可以對自己表達熱情。他逐漸能夠學習去原諒他的父親，而被憤怒及恐懼綁住的能量則得以釋放並滋養自身。

憤怒和肝臟相連，而恐懼和腎臟相連。根據傳統的中醫理論，這兩個器官彼此相依共存。根據五行理論，肝臟屬木而腎臟屬水，腎臟之水能滋養肝臟之木。肝臟儲血而腎臟儲精，血精彼此滋養並相互轉換。恐懼使腎陰缺損，而讓肝血不足並造成頭暈。未解決的憤怒傷害肝臟的氣，當陰氣不足，陽氣便湧出，這種陽氣通常稱之為肝火，會引起嚴重的頭痛、頭暈、混亂，在最嚴重的情況會造成心悸。

當喬治變身為保護並呵護孩童的大人時，他就能夠面質那審判的上帝，以及他在孩童時所接受到不健康的教導。在喬治之後的畫作當中，這個審判且高度嚴苛的上帝逐漸成為一個可愛的上帝，更有人性且溫暖。

在心理劇後接下來的數週，我們發現喬治的身體不再那麼僵硬了，他也不再為頭暈所苦。在接下來的兩週裡，喬治表現出對母親尋求呵護的需求（圖 8 及圖 9）。

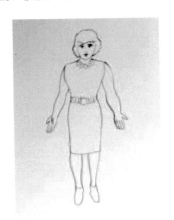

圖 8　　「我將我自己放在母親的懷抱中——安全感」

圖 9   「對性會感覺到恐懼
　　　　和困窘——被母親責
　　　　罵」

　　這兩幅畫作指出喬治覺察到需要去處理他和母親的關係，但是，喬治此時尚未做好準備去處理它。

　　接下來的個人治療課程包括了導引式想像法。治療師先讓個案進入放鬆的過程，引導他到草地上，來到森林（在其潛意識下）和一個小木屋。他發現一間被廢棄的小木屋，並遇見了一個老人（圖 10 及圖 11）。他與這個老人對話（這個老人在之後被喬治指認為上帝）。

圖 10   「在叢林中我遇見了
　　　　　在小木屋裡的老人」

圖 11　「這是我在小木屋後面的房間裡遇見的老人，我對他有種不確定感，我不知道他要做什麼」

　　在面對這個老人的時候，有一些不確定感以及恐懼，老人在之後給了他一個禮物（圖 12）。

圖 12　「這個老人拿出一個小金盒，裡面有一個人的心臟。心臟的一半是活的，另一半卻是死的」

　　一週之後，在植物園以安靜的散步進行道家的觀之後，做了一幅畫（圖 13）。

圖 13　「對我父母的謙卑及
　　　創造力和上帝的整
　　　合；與自然界之連
　　　繫；要去接近上帝，
　　　以詢問我是誰」

喬治在 6 月來治療，到 11 月他逐漸經驗到上帝是愛的而非審判（圖 14）。

圖 14　「上帝的手環抱著我
　　　─安全，我向下看─
　　　悲傷，苦難來自內在
　　　（血淚）；希望──
　　　黃色，生命與連結，
　　　與自然接觸，仍然有
　　　許多混亂與不解」

然後在 12 月初，喬治自發的畫作顯示更多的混亂（圖 15）。在這幅畫中，他將「無情義的」（比喻他父親）這個字，用英文大寫書寫。

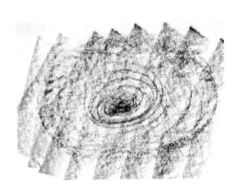

圖 15 「黑色—毀滅的原始
恐懼；紅色—黑色—
毀滅的原始恐懼；紅
色—憤怒以對—我父
親—無情義的」

　　以喬治為主角進行一齣劇。治療師要喬治在舞台上，依照畫作中的每
個部分形狀與樣貌移動。他說周遭有一股既強且黑，又沉重的力量環繞著
他。治療師請喬治選一個人做黑色力量，然後要喬治與黑色力量角色交換，
示範給輔角看黑色力量如何環繞主角。這股力量推擠喬治並將他緊緊纏繞，
治療師請五個人分別按住喬治的雙手、雙腳以及肩膀，將喬治壓在床墊上
不能動。

　　以中醫的觀點，水生木。恐懼屬水與腎臟相關；憤怒屬木，與肝臟相
關。極端的恐懼會產生憤怒，就像水滋養木。憤怒是恐懼的結果，那種恐
懼若發怒則環境就無法保護他；因此將主角壓住不讓他掙脫出來，是很重
要的。聖路易完形學院的 Conrad Sommer 博士教我這套手法。此舉在於
維護個案的安全，並讓他能覺察到環境可以幫助他處理他的憤怒。此舉另
一個目的是要讓個案釋放他壓抑的憤怒能量以觸及恐懼。

　　五個輔角當中，有一個輔角有六呎四高，並重達三百磅，是將個案按
住的五人之一。喬治掙扎著要掙脫，直到他筋疲力盡，接著他放聲大哭。

喬　　治：「爹地，我只是要你愛我，你從來不說你愛我。」（他

哭了又哭）「好像永遠不行，我怎麼做都不對。為什麼你要拋棄我和媽媽呢？你似乎從來不在乎，在我記憶中我總是犯錯，而你總是對我吼叫或是鞭打我。」

治療師：「角色交換。」

父親（喬治）：「兒子，很抱歉，我只是不知道如何告訴你我愛你。我真的愛你。現在我知道我應該多花點時間在你身上。你還記得我們曾經在森林中漫步？我們站在山頂上看著我們前面美麗的綠色田野。」

治療師：「角色交換，將森林、山丘佈置出來，現在和你的父親一起散步。」（主角自成員中選擇一些人來當樹木，並且將一空間標示為山丘）

治療師：「你在森林中聽到什麼？森林中有什麼味道？感覺一下地面。」

喬　治：「我聞到淡淡的花香，鳥兒在啾啾叫。」（當喬治及父親通過樹林時，扮演樹林的團體成員，輕柔的觸碰他們。背景中演奏著輕柔的音樂。燈光調整成青藍色，慢慢的他們來到山頂，燈光逐漸轉至金黃色，然後是白色和明亮）

這場劇落幕了。

在接下來的兩次個人治療療程，喬治的畫作顯示了其混亂以及整合的過程（圖16及圖17）。

圖 16 「黑雲—混亂以及混淆；漂浮的—感覺無法連結以及焦慮；肉色以及金色—源自上帝的生命力正將我重新整合」

圖 17 「與先前三張畫作不同—充滿平靜與安詳—金黃的日落—喜悅、幸福；藍色的海—平靜；從海上升起冠狀圖示—害怕與未知、陌生；需要回到海中與黃昏中，又脫穎而出」

　　在這裡我們注意到，在第一次團體治療之後，喬治逐漸地察覺他對上帝及他父親的愛，以及情感的內在需求。這些需求原本是隱晦不明的，直到藉由導引式想像法與繪畫的藝術治療過程才顯現出來。戲劇的探索讓他進一步的瞭解，在他的憤怒以及恐懼之下掩蓋了他對愛的需求。

　　在 12 月時，他可以說出他的父親在他九歲大時離棄他和他的母親。他是由母親獨自撫養長大。母親在一家醫院擔任護理的工作，而大部分的時間他是一個人留在家裡。在圖 18，我們注意到喬治對母親的感受，以及他

圖18 「綠色、藍色、紫色——象徵對母親的忠誠、忠貞、責任感；兩條紅線——對那有情義的憤怒」

和母親的關係愈能覺察。

　　他以「有情義的」之英文大寫字來描述他的父親，而非之前的畫作中所用的「無情義的」之大寫字母。對他來說，母親是唯一關心他並且撫養他長大的人，和母親在一起，他覺得安全，因為母親不像父親一樣的拋棄他。他的畫作幫助他覺察到對母親的忠誠、忠貞及負責任的需求感受，但他對這些感受卻是感到憤怒的。他對母親的憤怒是因為他害怕自己依賴她。

　　我們注意到喬治將先前的畫作（圖9）稱作「對性會感覺到恐懼和困窘——被母親責罵」，他的母親在很早之前就告訴他：「性是骯髒的，你應該對自己玩弄生殖器感到羞恥。」而他在小時候也因為這麼做而被父親處罰。母親又教他，上帝也會對他對性的感受而生氣。這幅畫作（圖18）讓他對自己的矛盾有所認識。

　　喬治的下一場劇處理了他對母親的感覺。

　　治療師要喬治去探索畫作（圖18）中那些線條的色彩以及形狀。

　　治療師：「喬治，將你的身體像畫中的線條一樣的移動。」（喬治先像畫中的綠色線條一樣移動）

治療師：「繼續動作直到你能覺察到一些感受。」

喬　治：「我覺得安全，就像是在船裡搖一樣。」

治療師：「你在船裡何處？還有誰與你在一起？」

喬　治：「我在搖籃裡，我大姊正在哄我。」

　　直到此刻治療師才知道喬治有一個姊姊，她比喬治大十歲，當母親去工作的時候，她曾替代母職照顧他。

治療師：「在你的搖籃裡有什麼味道？你在四周看到了什麼？除了姊姊還有誰在這裡？」

喬　治：「有牛奶的味道，除了姊姊之外沒有人在這裡。安妮是我姊姊，她有一雙藍色的大眼睛和金髮，穿粉紅色洋裝。」

治療師：「現在像畫中的藍色線條一樣移動。」（喬治前後上下左右移動）

喬　治：「我感覺被推擠拉扯，像是有繩索將我綑綁住，有人在拉扯我。」

治療師：「誰在拉扯呢？那個時候你幾歲？你在哪裡？是誰和你在一起？繼續移動直到你有感覺到發生了什麼事為止。」

喬　治：「我覺得就像是我整個的人生，在我所去任何之處。」

治療師：「最近一次有這種感覺是在什麼時候？」

喬　治：「昨天，我的院長打電話給我，問我何時才會結束治療，並且說我應該要回去工作。在來這裡之前，他對我說要待多久都可以，只要我需要；現在他有些沒有耐心了，並對

我說，我已經花了他們太多錢。他給了我雙重的訊息。」

治療師：「試著去探索另外一條線，紫色那一條。」

喬　治：「我覺得我在上下移動，上上下下；就像是我的情緒總是上下起伏，我總是覺得憂傷，然後是憤怒、快樂和憂傷。」

　　身體動作幫助喬治遠離理智。此時不易去選擇要處理何事；三條不同的線也喚起三種不同的記憶。我們通常會從最近或最重要的事開始處理。如果有此疑惑，治療者需要問主角，他想要從哪裡開始。

治療師：「喬治，你現在在想什麼？」

喬　治：「院長來電。」

治療師：「他打電話來的時候你在哪裡？告訴我們你在哪裡。」

喬　治：「當他打來時，我正在看十點新聞。」（喬治將電視間的場景佈置起來，茶几上有一支電話，團體成員作出電話聲響）

團體成員：「喬治，你的電話。」

治療師：「角色交換。」

院長（喬治）：「喬治，你還需要多久的時間進行治療？你已經在那裡待了六個月了，我們需要你回來工作。」

治療師：「角色交換。」

院長（輔角）：「我們需要你回來工作。」

喬　治：「麥克（院長），我還沒準備好要回家。」

治療師：「角色交換。」

麥克（喬治）：「你不要忘記還有工作要做，告訴你的治療師你
　　　　　　　需要回家，你不能永遠待在那裡，我願意支持你，但是
　　　　　　　休息六個月已經夠久了。」

麥克（輔角）：「休息六個月已經夠久了。」

治療師：「你的獨白是什麼？」

喬　　治：「我希望他瞭解，我不是在這裡休息。我正在將自己拼
　　　　　湊起來，好讓我回去的時候是一個完整的人，為什麼他
　　　　　不能瞭解？聽起來好像我不值得，而我用了他們太多的
　　　　　錢和時間。我覺得很生氣而沒有價值。」

治療師：「你何時有此類似的感覺？將時光倒回去一些。」

喬　　治：「當我在小學的時候，F修女因為我不會拼幸運這個字，
　　　　　將我關在小櫥櫃裡。」

治療師：「你幾歲？將場景佈置起來，選一個人作F修女。」（喬
　　　　　治將一年級到四年級的教室佈置起來，只有一個房間的
　　　　　學校，喬治讀三年級）

治療師：「輔角，你曾經做過小學老師，去做你該做的。如果有
　　　　　不合適的地方，喬治會告訴你。」

F修女（輔角）：「喬治，你有沒有做家庭作業？把幸運這個字拼
　　　　　　　出來。」

喬　　治：「是的，修女。F⋯fut⋯t。」

F修女（輔角）：「好，有人知道怎麼拼幸運這個字嗎。」

多位男孩及女孩（團體成員）：「是的，修女，我會。」

F修女（輔角）：「好，喬治，直到午餐之前你都要待在那個角落
的櫥櫃裡。你必須待在那裡，直到你學會如何拼字為
止。」（喬治走到角落邊的櫥櫃，治療師也跟過去。）

治療師：「喬治，你還好嗎？你覺得如何？」

喬　治：「受傷和被羞辱。」

治療師：「再把時光倒流一些，在這個事件之前你曾經覺得受傷
而且被羞辱嗎？」

喬　治：「是的，在我三歲大的時候，我做了一個惡夢，我哭著
希望有人來帶我去浴室。」

治療師：「把場景弄出來給我們看，不要用說的。」

從外圍逐漸逼近核心的情緒強度是很重要的，每一次的戲劇演出使喬
治進入更深的情緒創傷，而這些常常被埋藏在隱性覺察中。這些潛藏在底
下，束縛著主角的能量，使他的顯性覺察無法浮現。戲劇的演出，如同我
們之前見證的，就像是撥洋蔥一樣漸漸地逼近核心。不要讓個案口述是很
重要的，口述會讓個案因該事件所造成的情緒衝擊不見了，而活動則可增
強其能量與強度。

喬治將在二樓的臥室佈置起來，在北邊的窗戶，可以看見鄰居的房子；
在東邊的窗戶可以看見前方的庭院、柏油路以及對街一排磚造的房屋。那
是一個安靜的勞工階級住宅區。喬治的房間漆成藍色，有木製的地板。窗
簾上飾以士兵的圖案，以與床單相配。一面牆壁有衣櫃，另外一面牆壁上
有一個十字架。

治療師：「這是那一年的什麼時候？」（要用現在式，來幫助主
　　　　角在此時此刻體驗過去）

喬　治：「秋天，是在一個上班的日子，因為媽媽在早上要去工
　　　　作。」

治療師：「選一個人來做你的母親。」

喬　治：「南西，你可以做我的媽媽嗎？」

治療師：「輔角，先待在觀眾席裡。喬治，角色交換，扮演你的
　　　　母親。」

母親（喬治）：「我的名字是柔塔，三十二歲，大約五呎四吋高，
　　　　　　　我在離家七哩之外的醫院做護理工作。」

治療師：「你有幾個小孩？哪一個是你最愛的小孩？」

母親（喬治）：「我有兩個小孩，女孩子叫安，差不多十四歲，
　　　　　　　她幫了我很多忙，喬治三歲，這兩個都是我的小孩，沒
　　　　　　　有哪一個是我的最愛，你這是什麼意思？」

治療師：「告訴我有關喬治的事。」

母親（喬治）：「他是一個虔誠的小孩，我教養他要敬畏上帝，
　　　　　　　要覺知上帝的審判。他從很小就學習要尊敬父母，要愛
　　　　　　　上帝並且遵從十誡。我教導他要忠誠、負責與忠貞，希
　　　　　　　望他成為上帝的子民。」

治療師：「角色交換。喬治作三歲時候的你，並準備上床睡覺。
　　　　做你上床之前需要做的事。」（喬治刷牙，做出換睡衣
　　　　的動作，然後跪在床前祈禱）

喬　治：「上帝，幫助我向善，尊敬我的爸爸媽媽，幫助我不要
　　　　有做壞事的念頭，或是做我不應該做的事，我不想下地
　　　　獄。」

母親（輔角）：「喬治，你刷牙了沒？禱告後上床睡覺！上床睡
　　　　覺時要關燈，不要在半夜把其他人吵醒。」（在治療師
　　　　的指導之下，輔角從觀眾席說話，喬治將燈關掉，然後
　　　　上床，接著他起身走路試圖找到門，但頭撞到了衣櫃的
　　　　角落）

喬　治：「媽！媽！」（喬治哭泣著，經過許久的時間，仍沒有
　　　　人回應）

治療師：「喬治，選一個人作三歲的你，角色互換做你的母親，
　　　　讓我們知道接下來發生什麼事。」

喬治（輔角）：「媽！媽！」

母親（喬治）：「你這個一無是處的孩子！不是跟你說過，不要
　　　　把我吵醒嗎？」（母親〔喬治〕最後終於出現了，她賞
　　　　了孩子兩、三個巴掌，然後轉向他[81]。）

喬治（輔角）：「媽！幫幫我！幫幫我！我在流血！」

母親（喬治）：「喬治，不要那麼娘娘腔！不要把整間屋子的人
　　　　都吵醒！去睡覺！」

喬治（輔角）：「但是！媽，我在流血，我受傷了，我要去浴
　　　　室。」

母親（喬治）：「喬治你很丟臉，你真丟臉，你已經大到不應該
　　　　尿濕褲子。」（她發現喬治尿濕了。她賞了他兩、三個

巴掌）

母親（喬治）：「你上床睡覺要安靜點，我告訴你不要吵我，不
　　　　　　　要哭得像娘們，要記得，我要你成為男子漢。」

治療師：「角色互換，喬治做你自己。」

治療師：「喬治，房間裡聞到什麼味道？在房裡走一走，感受一
　　　　　下腳底的木板，讓我們看看窗外。葉子轉黃了沒？你的
　　　　　爹地在哪裡？」

　　讓主角秀出發生什麼事，而不是用說的，這是很重要的，這讓主角能
體驗此時此刻的感受。治療師要使他能演出，以幫忙主角去觸及他真實的
感受。去經歷這種感官，體驗是暖身過程的一部分。

喬　治：「爹地還沒回來，他有時不會回家。」

治療師：「喬治，請回去坐在觀眾席。」

治療師：「輔角們，用你們自發且在必要時誇張一點的方式，去
　　　　　扮演那些角色。如果你們做不對，喬治會告訴你們。」
　　　　　（喬治坐在治療師旁邊尋求支持，親眼目睹場景被重現，
　　　　　喬治開始放聲大哭，治療師給喬治時間表達悲傷，然後
　　　　　喬治被團體成員呵護，團體成員以手臂組成一個搖籃，
　　　　　他們將喬治舉起，前後搖動，此時搖籃曲響起。當喬治
　　　　　被呵護而較冷靜下來，治療者要喬治坐回觀眾席，並讓
　　　　　輔角再一次重現剛才的場景）[82]

治療師：「喬治，你看到什麼？你認為對一個已經受傷並需要關
　　　　　心的小孩，做母親的打他巴掌是對的嗎？你覺得應該怎

麼辦？」（在鏡照場景時，治療者對喬治說）

喬　治：「這個小孩需要幫助，妳不應該打他。」（喬治從椅子
　　　　上跳起來，用手臂抓住母親）

母親（輔角）：「你以為你是誰，竟敢教我如何養育我的小孩？
　　　　男孩子不應該哭得像娘們一樣。」

喬　治：「妳離那個小孩遠一點，不准妳再碰他。」（喬治開始
　　　　將母親推出場景外，輔角有意地讓他不容易達到目的。
　　　　在掙扎之後，喬治終於將母親推出場景外）

治療師：「現在你要如何對待這個小孩？在他的生命中，是否有
　　　　人可以當他的好媽媽嗎？」[83]

喬　治：「是的，我的姊姊。」（喬治選擇一個人做姊姊，姊姊
　　　　進入場景。喬治先角色互換扮演這個姐姐，以示範給輔
　　　　角看姊姊如何安撫喬治）

這場劇落幕在：喬治倚在姊姊的手臂裡，由姊姊坐在搖椅裡搖晃著他。
　　如同我們在這裡所注意到的，喬治對母親呵護的渴望被藏在隱性覺察
之下，但是他對此需求感到太困窘，而無法使之成為顯性覺察的部分。他
們在藝術及演出的過程中顯現出來（圖8、圖9和圖18），這些畫作顯示
了喬治對安全感以及愛的需求，還有害怕被拒絕與無法獨立，這些恐懼及
焦慮綁住了他的能量。在這齣劇之前，他無法對母親表達憤怒。在這齣劇
之後，他的畫作顯示了許多內在掙扎，特別是對母親的憤怒及依賴的感受
（圖19及圖20）。

圖19　「三條藍色的線—自我信賴、冷靜、安全感—這些代表我對獨立的需求；橘色的線——對父親、母親甚至上帝的憤怒，似乎讓我的需求無法滿足」

圖20　「綠色、藍色、紫色——忠誠、忠貞及負責。對母親的憤怒及依賴」

　　圖20顯示了他的矛盾。他的母親教導他對她「忠貞、負責與忠誠」有多重要。這些應該是他父親的責任，而不是他的責任。他被要求能做母親的代理丈夫。他對此的憤怒被隱藏在他的顯性覺察之下，因為此感受會造成對母親的背叛。

　　他也在對父親的憤怒及對父親尋求愛和支持當中掙扎（圖21、圖22及圖23）。他害怕如果擺脫了自己的內在憤怒，就會被毀滅。他的畫作成為他的象徵劇。

圖21　「我望著我的胸腔看見憤怒，想要將他驅趕出來卻又充滿恐懼」（另參見圖7）

圖22　「我進入內在並克服我的恐懼，我面質憤怒（父親）──叫他滾出去。我現在生氣卻不恐懼。我踢他而他向後退，他沒有說話」

圖23　「我變得更生氣，用棍子將他驅趕出去──現在他嚇壞了」

在這裡，我們注意到喬治可以表達他對於父親的憤怒，就像他在戲劇演出時所做的；但是他對於表達對母親的憤怒很害怕，因為喬治依賴著母親。這些憤怒的感受原本藏於潛意識的深層部位，縈繞在他的隱性覺察中。它們阻塞了他的能量，使其沒有能力而無法執行神父的職務。藉由心齋、繪畫及釋放能量的過程，治療幫助他將這些盤旋在潛意識或下意識的感覺，浮現於顯性覺察，以使他能去處理。

在繪畫及戲劇演出中，明確地表達了對父母親壓抑已久的憤怒，喬治能夠去體驗生命、喜悅及和諧的感受。到 12 月底，喬治的畫作逐漸明亮起來（圖 24）。

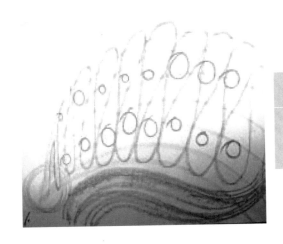

圖 24 「生命、喜悅及和諧的感受—新生命湧起—橘色有點象徵著支持」

經驗新生命和喜悅帶給他焦慮、混亂以及痛苦（見圖 25 及圖 26）。

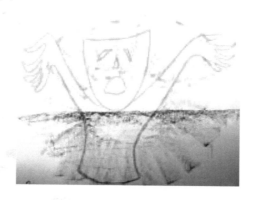

圖25 「藍色的海——平
静；橘色的光線——
新生命（見圖13）；
我尋求幫忙，感覺憂
傷及焦慮——我到底
怎麼了」

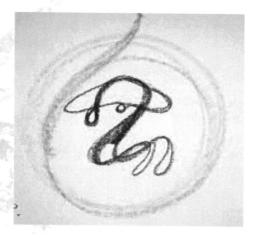

圖26 「橘色——源自上帝
的新生命力；藍色—
—我仍然處於混亂及
痛苦中」

　　道家的觀看及體驗歷程似乎幫助喬治更能與自然接觸，也幫他將其
神穩定下來（見圖27）。

圖27 「生命力在黑暗裡起
　　　伏。藍色──平靜；
　　　橘色──新生命；綠
　　　色──與自然接觸。
　　　生命力在黑暗裡起
　　　伏」

　　藉由藝術治療與演出過程移除個案的能量阻礙，很自然的，個案可能會經歷一段「對失控的恐懼感」。他用來控制憤怒及性慾的能量被釋放以成長，使他嚇壞了。自三歲開始，他只知道控制；現在，這種控制變成被箝制和被局限的感覺，無法擺脫害怕、焦慮、罪惡感與疑慮。畫作不能進行分析，但在喬治說明之後就可以演出。

　　藉由初次自發的繪畫過程，依照畫中線條的韻律以及形狀擺動，獲得身體的感覺，然後說出此畫的意義，進而脫離理智思考；喬治開始覺察自己的感覺。當適於戲劇演出，在個別治療的完形角色之後，就進行繪畫的肢體演出；此可在個別治療中採用一位輔角，或在團體治療中採用多位輔角進行。有許多對畫作裡的情緒，或註解的著作皆是在個別或團體治療戲劇演出或二者之後的成果。

　　當畫作剛完成時，並不鼓勵個案去作任何詮釋，以避免個案對進一步探索產生阻礙，特別是藏在個案下意識或潛意識嚴密監守的議題。圖28至圖32即顯示這樣的過程。

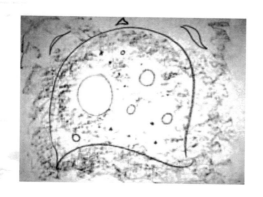

圖28　「從我的嘴去看宇
　　　宙，或看進我的嘴
　　　裡，自身有一種莫名
　　　的感覺」

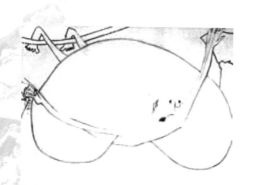

圖29　「我內在壓迫的負
　　　擔──失控感」

圖30　「我內在的混亂──
　　　颶風；極端的黑暗在
　　　我體內、我的頭；在
　　　此之上，生命力顯現
　　　（橘色）」

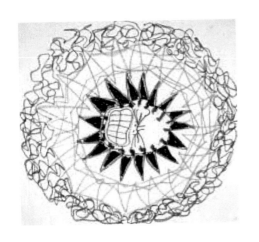

圖31 「我內在痛苦的危機,深處——我所知覺的上帝」

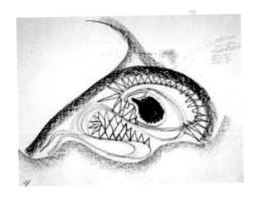

圖32 「黑色——我所知覺的上帝;藍色——我自己;棕色——將我擠入的大地」

　　喬治作了許多個別的角色扮演,以及與上帝的角色交換。在這個時候(將近 12 月底),喬治仍認為上帝是全然審判而沒有愛的。即使在理智上他知道「上帝是慈愛的」,但是情緒上他很難去感受到愛。在 12 月的最後幾天,對喬治而言,是艱困而重要的時刻,在此時他學習如何讓恐懼、罪惡感、疑慮及焦慮釋放出來。初次覺察到他有釋放這些感受的需求,讓喬治感到非常驚恐(圖 33 至圖 35)。

圖 33 「我感覺被箝制且被局限住，無法擺脫這些恐懼、焦慮、罪惡感及疑慮」

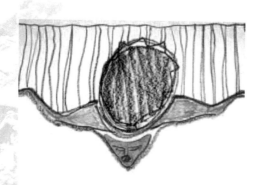

圖 34 「我被隕石壓入大地；黑色──我所知覺的上帝，我的身體是沒有生命力、分裂的（灰色）」

圖 35 「我被箝制在箱中，被內在罪惡感與焦慮交織而成的網路所困住」

在 1 月之初，治療幫助他學習去整合理智與情緒，也讓他把存於他的理智與他情緒裡的干擾帶入顯性覺察。在一次心齋後，喬治被要求將他左腦與右腦的影像具像化。理論上，左腦與右腦處理不同的資訊，但是他們彼此互補（圖 36 與圖 37）[84]。

圖 36　「在我腦部左側我所看見的影像：自由的感受，難以抗拒的、莊嚴的、移動的（情緒上的）橘色的雲朵快速又大量移動，生命雕像——堅定不移的固著」

圖 37　「在我腦部右側我所看見的影像：地底下的礦區或儲藏區——感覺被限制住、被箝制住、窒息、沒有生命力、迷失、被壓倒」

在演出畫作中的形像之後，這些感覺又出現了。喬治更明確地覺察到一些感覺，例如：對父母的憤怒、想掙脫並得到呵護、對性慾的恐懼等，皆是鎖住他能量的箱子。

　　1984年1月對喬治來說，是關鍵時刻，他經歷了幾個階段，顯現在其藝術作品及戲劇歷程中。順著這被困在箱內的感受，喬治逐漸能夠放下這一切。他的藝術作品顯示出一連串他開始放下的歷程。

　　在一齣戲劇中，喬治被拉鍊鎖在睡袋中，團體的成員圍繞著他，推擠、拉扯著（就如同在颶風中）；喬治努力掙脫袋子，朝向光明之處；當他掙脫出袋子，喬治像新生的嬰兒般哭泣。在這經驗過後，他作了一些畫，如圖38至圖46，這些畫作是在喬治對他們的意義有所瞭解之前自然繪成的。

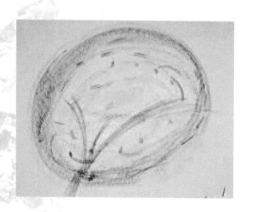

圖38　「橘色圖像──我，穿透龍捲風尋找橘黃色的太陽──兩股生命力量求連結；藍色龍捲風──我內在的混亂」

圖39　「我坐在垂直通道的中央。在頂端及底部都有光，我不在那裡，但我希望我在那裡」

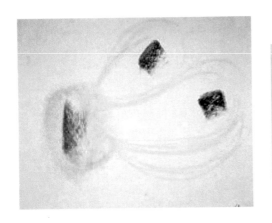

圖40 「粉紅色——我的人性；紅色——我的憤怒，我似乎需要釋放及控制我內在的力量——恐懼及罪惡感」

圖41 「藍色波浪——寧靜；橘色陽光——新的自我概念；紫色光暈——焦慮圍繞其中」

圖42 「即使仍掩蔽在黑暗中，我加速朝向新的自我概念（橘色），然而在我身邊有巨大的石頭威脅著要將我擊碎」

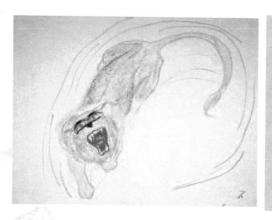

圖43　「我被一隻藍眼獅子追趕上樹，我在藍色眼睛中看見我母親（憐憫）─嘴中有憤怒─對獅子感到強烈恐懼，這雙眼睛似乎不屬於這隻獅子，似乎我在害怕新的自我概念會浮現」

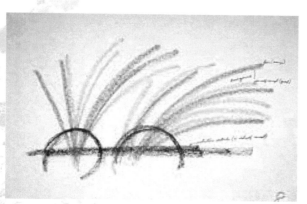

圖44　「金黃色顯示著新的自我概念以及恐懼的感受，從舊有的自我概念（棕色）浮現──以某種形式強烈連結到我的父母親（兩個圓弧形）」

圖45　「棕色──限制，舊有自我概念的阻礙；金色──新的自我概念；橘色──恐懼」

圖46 「左側圖形──新的自
我概念從恐懼及阻礙中
浮現；右側圖形──當
時我的內在情緒；金
色──新的自我概念；
橘色──內在的恐懼；
紅色──憤怒；棕色──
──無所懼；藍色──平
靜」

　　喬治花了五個月的時間掙扎於上帝之意義，與將上帝由「審判」轉型
為「慈愛」。對喬治而言，他所需要的不只是理論和神學上的理解，而是
情緒上的體驗。

　　這表達性的治療團體變成他重要的支持系統。他被鼓勵與團體中的一
位女性建立特殊的友誼，這是他人生中第一次能夠與女性建立溫柔的關係。
身為神父，他是獨身者，不可以結婚或與女性發生性關係，但親密關係對
喬治而言，不只非常重要，也是必須的。他被鼓勵與這位女性朋友共舞（她
是一位天主教修女），而這段友誼至今仍持續著；即使他們住在這國家不
同的地方，他們仍安排固定的聚會時間，這份重要關係的存在，幫助了喬
治確認有性的想法是無礙的，在他成為神父之前，他即是一位男性。喬治
受前梵蒂岡教義，他被教導神即是律法，而有性幻想或性慾是罪惡的；對
他而言，要改變他所受的教育及自我的概念，是非常困難的，他覺得被困
住了。以道家的觀法在大自然中散步的歷程，幫助他能夠愈來愈專注於此
時此刻而減少焦慮，這也幫助他更能與自然及其歷程接觸。喬治的掙扎仍
持續著，就如他的畫作所示。

　　圖 **47** 說明了他對整合的持續性掙扎，以及害怕那些對上帝及性持有同樣信念的人之批評。他害怕新的自我，新的自我教導他愛與溫柔；喬治喜悅於此新浮現的自我，但他也害怕這種新的自由；恐懼是一體兩面的，同時來自於內在及外在。喬治被抑制的情感包括：對母親的憤怒，以及對母愛的渴望，也渴望與母親建立和諧關係，以及與自身和上帝的關係。

圖 **47**　「我的內在與外在之
恐懼，也許在我自身
所覺知的上帝以及他
人所覺知的上帝使我
驚恐」

　　戲劇的演出幫助喬治去面質獅子／母親（圖 **43**）。喬治選擇了兩位輔角，其中一位扮演負面的（壞的）母親，另一位扮演正面的（好的）母親。治療者鼓勵喬治殺死負面的母親，她承認曾經對喬治所造成的所有傷害與處罰。

喬　　治：「當我只有三歲的時候，妳鞭打我。」

壞母親：「我在你只有三歲的時候打你。」

喬　　治：「妳甚至叫爸爸打我。」

壞母親：「我甚至叫爸爸打你。」

喬　治：「當我需要妳的時候妳卻打我，妳讓我流血。」

壞母親：「我讓你流血。」

喬　治：「妳總是把我留給姊姊安妮，妳從來都沒有照顧我。」

壞母親：「我沒有照顧你。」

喬　治：「妳該去死。」

壞母親：「是的，我該去死。」

　　喬治用出氣棒象徵性的殺死了壞母親，而好母親則站在喬治身後撫慰著他，並在他需要的時候給他愛的支持[85]。喬治在當下是非常情緒性的，好母親將喬治抱在膝上，坐在搖椅裡搖擺著，撫摸他的頭髮。如所期望的，他選擇他那特別的朋友當好媽媽。

　　在當天課程結束後，喬治完成了下面一系列的畫作（圖48至圖58）。

圖48　「我坐著，凝視著湖中央的噴泉，充滿平靜、神清氣爽、起伏；困惑，猜想到底發生什麼事？灰色——無生命力；粉紅色——生命力與愛」

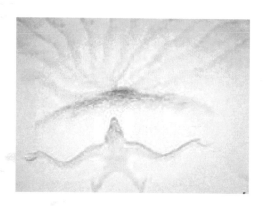

圖49　「金色代表上帝，令
人敬畏的、溫暖的、
賦予生命的；我敬畏
著、被這股力量盤旋
著；奇怪的金色物碰
觸我，一種奇怪、令
人敬畏的感受」

圖50　「神奇事物、城堡代
表我；金色是我新的
自我覺察，現在在我
內心，不在其外，以
某種形式與上帝連
結。藍色圖像是平
靜；灰色——我舊的
自我概念；粉紅色—
—愛與生命」

圖51　「困惑：金色（新的
自我概念）爆發穿透
灰色雲朵（我的舊自
我概念）」

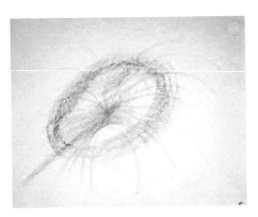

圖52　「新自我概念（金色）移動著，被恐懼的光暈繞著（橘色）」

圖53　「金色一步一步控制我，我擔心這一點，因為我怕我會消失。現在我知道金色終究會贏，當我是金色時，我的界線在何處？我又是誰？」

圖54　「我感覺到我的四個部分，試圖互相連接卻沒有辦法，這讓我感到緊張；藍色——我所渴望的寧靜；紫色——焦慮；粉紅色——愛；灰色——舊的自我概念；金色——新的自我概念在這之間流動，聚集在池子的底部」

圖55 「感覺重生——從水中出來；灰色——舊的自我概念；金色——新的自我概念；粉紅色——愛，帶領我度過這轉型期」

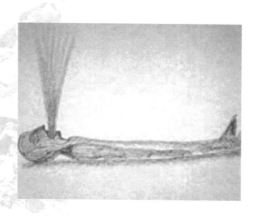

圖56 「愛支持我度過這轉型期——死亡——重生」

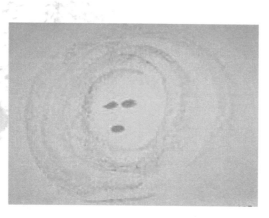

圖57 「我將死亡，我再重生——陷入我新的自我的流沙中（金色），我害怕會死，只有我的眼睛及嘴巴還存在——我害怕我無法辨識自己，驚恐，沒有界限」

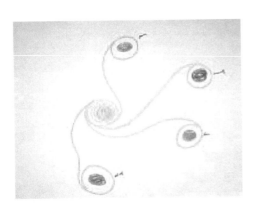

圖 58　「這四種感覺被環繞並保護著。新的自我概念（金色）能穩住它們，保護它們。我沒有辨識到這金色的精神是我，至少還沒有」

　　我們見證了喬治經歷重生的恐懼及興奮。特別是恐懼於缺乏界線——不知道如何去設定他對性的界線，不知道如何去處理他對性慾的感覺。喬治持續掙扎於他對性慾的感受，並持續的成長與重生。

　　在經歷了戲劇的重生過程兩天後，喬治作了以下一系列的畫作。

圖 59　「我死了，但以某種形式存活著，愛仍在（粉紅色）」

圖60　「恐懼像是不可動搖
的佛陀像在面質著
我」

　　喬治被詢問他何時見過佛陀像，在祂周圍還有什麼？那個地方有什麼味道？誰在那裡？喬治曾在亞洲的寺廟看見一尊巨佛，最高大概有二十英呎高，香的味道瀰漫著整個區域。許多僧侶在誦經，或吟頌一些無法理解的語言。在模模糊糊中，喬治變成了佛陀本身；團體成員開始吟頌一些深奧的語言，香從教堂被帶進來。喬治說他那時在馬來西亞，他感覺孤單而恐懼，不知道他為什麼在那裡？或會發生什麼事？他沒有辦法說這種語言，也沒有辦法發出任何聲音。突然間，他說：「他們現在帶我出去，向海邊去。」團體成員因此帶喬治環繞著舞台，最後將他放在舞台中央。

　　喬治說：「現在是傍晚，新月剛升起，我需要有人陪伴我。」他從團體成員中叫他的朋友，她出來陪伴他，團體成員退回觀眾席。他將頭枕在她的膝上，並說：「我感覺到上帝的手環繞著我，一道光從上方照射下來。」治療者選之前扮演上帝的團體成員出來。一般而言，要由主角選擇輔角，但在這種情況下，主角處於被催眠的狀態，若要求主角選擇輔角，將會使這個狀態被打斷。

　　由輔角扮演的上帝，將他的手放在喬治的肩膀上，並說：「我愛你，

你是完美的。」從心理學的角度而言，這就像是重新撫育他，即使我們從來沒有詳述、討論這個動作；但喬治很明顯地需要這種愛的保證與接納。他的畫作見證了這些體驗（圖 61 至圖 69）。

圖 61　「感覺孤獨、新生、恐懼——也就是新的地平線」

圖 62　「新月上升，非常不同；噴 泉—— 新 生命，也是非常不同」

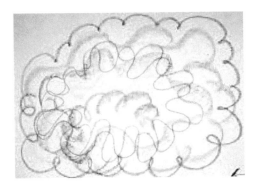

圖 63　「情緒起伏的混亂」

圖64 「我是一個全新的我，沐浴在新生的自我概念光輝中」

圖65 「感覺被新的自我概念所淹沒，發生了什麼事」

圖66 「從死過渡到生，舊的我被沖到岸邊，然而春天到了；新草——新生命」

圖67 「當我躺在沙灘上將要死亡之時，有兩個圖像靠近我。一個是上帝，另一個是我的密友。愛與平靜出現並從他們身上流到我的體內」

接下來的數週，喬治持續專注在重生的過程：

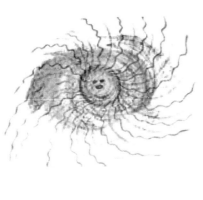

圖68 「浮現——重生，新的自我概念、愛、平靜」（參照圖55、圖56及圖57）

圖69 「浮現——新的自我、愛與平靜（金色、粉紅色、藍色）」

在 3 月底，喬治與治療者討論治療的結案。喬治是一個完美主義者，他對於治療的即將結束顯得極度驚慌，害怕他還沒有修通所有的議題。這是正常的情況，臨床工作者稱之為分離焦慮，此現象通常在病人要結束治療的時候發生。接下來的幾週，我們著手進行結案，喬治的畫作再次記錄了他經驗到的恐懼與焦慮（圖 70 至圖 72）。

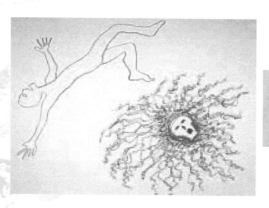

圖 70 「新的自我概念仍然
挣扎著要擺脫舊的行
為模式」

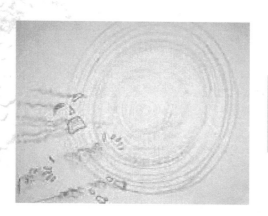

圖 71 「舊的恐懼、舊的行
為模式拒絕離去——
對此感到焦慮」

圖72 「對失控的恐懼與焦慮」

接著，喬治逐漸開始有自信（圖73至圖75）。

圖73 「我信任我自己（I.B. I.M）。相信我（上帝）並信任你自己，新的開始」

圖74 「我登上右側的山」

圖75 「在山頂——在開放
的岩石區，有黑色石
頭，我很艱辛的向前
走（就像他與岩石的
山做角色交換），表
面是崎嶇不平的，但
我對陽光、空氣、風
和雨是開放的」

最後的畫作呈現喬治與上帝交會（圖76）。

圖76 「我在山上與上帝交
會。當我爬山時，恐
懼、新的自我、生命
（橘色、金色及綠
色）已在身後；上帝
的眼睛像我母親的眼
睛，人性與寧靜源自
上帝（肉色和藍
色）」

　　喬治在 1984 年 6 月結束治療，他接受了將近一年的治療療程。以下
是以喬治的口吻，來簡述他的這趟旅程：

　　這趟旅程細數了我的人生及神父生涯，特別是最近十年。這十年內，我有嚴重的情緒困擾，甚至無法勝任神父的工作。在接受鍼的治療之前，我已經放棄做彌撒、聽告解，因為我變得非常多慮。在接受治療之前，這種情形已有一年之久。我充滿著恐懼、焦慮以及罪惡感。我認為的上帝是一個嚴厲的審判者，因此我任何行為（無論是多麼微小的行為）都可能伴隨著危險。我的道德界線變得模糊，我無法清楚的分辨，什麼是真正的罪惡，什麼樣是心理上的罪惡；而似乎已經變成，只要我感覺自己有罪惡感，我就真的有罪。

　　在我接受藝術治療及表達性治療的期間，我已能覺知並細察我對雙親的感情。我父母親對我的態度，以及我對父母親的態度，似乎深深地影響我，因而對上帝產生錯誤的認知。一旦我將這一切作連結，我可以瞭解上帝並非我所認知的祂──然後我可以開始質疑我錯誤的想法，再以更客觀的、更合乎現實的角度去發展出對上帝新的且不同的看法。但在這之前，我必須先處理並表露自己對父母潛藏壓抑的諸多憤怒、恐懼及罪惡的感受；然後我才能慢慢地用幾個月的時間，來減少我的焦慮，達到我覺得安全的程度，並開始改變我的行為模式。減少焦慮的強度對我而言是很重要的，唯有這樣，我才能開始「修通」這些罪惡感，而不是像之前一樣逃避它們。我被告知要克服假的罪惡感並非去逃避它們，說得更精確些，與之相反，要去面質這些想法，要去修通、去擁抱它們；也就是說能與它們共處，我就可以擺脫它們對我的控制，這是一個非常重要

的領悟，也是我在復原之路上非常重要的一步。對我來說，第二個重要的領悟是，我學到要開始改變行為，並能對下一個行為模式有所感受。回頭看一下我在這十二個月裡的治療，我知道在我的復原過程中，有兩個基本且非常重要的步驟。首先，我能夠對上帝有一個新的認識並深植我心；其次，以此對上帝新的內在認知，我就不會去逃避罪惡感，並開始去檢閱它，在改變我的行為模式之時，也能對此新的行為有所感覺。現在，我可以感覺到，我已經將理智與情感層次的體悟都內化了——所以我只要藉由外界的一點力量，就可以靠自己繼續進行我的復原之路。

我很感謝藝術治療及表達性治療，這些創造性的積極治療幫助我去經驗我的感受，並表達出我壓抑多年的憤怒與哀傷。他們也幫助我去覺知到壓抑與焦慮之間的關聯性。我能覺察到，一旦憤怒得以表達出來，我是如何開始與我的哀傷相繫。我太理智了，這就是我的問題所在；而藝術表達與戲劇演出，幫助我更具直覺且更有活力。自發的體驗幫助我更加貼近自己的成長，並學習去接受我是上帝所創造的一個完美片段！我接受傳統的談話式治療已經有五年了，但是一點幫助也沒有；未來我將會繼續繪畫並學習更自發，並且不要讓自己太過理智。

二十年的後續追蹤，喬治仍然過得很好。現在他是一個大都會區裡的神父，他已經不需要治療了。一年前我們碰面，並一起享用午餐，歡愉地談到那些他接受治療的日子。

討論：雖然喬治是二十年前的個案，是在我專心研究中醫之前，當時

我還是心理劇的新手，但我還是覺得有必要將其記錄於此。與喬治合作的過程，幫助我澄清了許多我日後所提出來的身心相連的理論。

當喬治的情緒不再失衡，他身體功能的失衡現象也消失了。在治療結束之後，喬治的胃部不適、腹瀉、暈眩、流汗、雙手濕冷的症狀也隨之消失。

中醫將焦慮與肺、脾、肝的經脈，以及與他們相關的消化和排泄系統相連。當焦慮療癒了，胃部不適與腹瀉的症狀也被治好了。恐懼造成腎氣虛，此虛會影響到一個人的免疫系統、生命力及記憶。喬治無法勝任神父的工作，就是腎氣虛的結果，陰氣消弱則陽氣上升，這樣會造成氣的失衡。腎臟的陰氣消弱造成肝臟陽氣過盛[86]，肝火過盛會造成頭痛、頭暈。既然所有的情緒都會影響到心臟，在嚴重的情形下甚至會造成心悸，火氣過旺也導致喬治無法清楚地思考——「事物的道德界線變得模糊，我無法清楚地分辨什麼是真正的罪惡，什麼又是心理上的罪惡感」。

西方生理學尚未認可兩個主要的功能器官，他們是陰氣器官的心包膜以及陽氣器官的三焦。心包膜的功能在於保護心臟，免於受到其他器官過度的情緒衝擊，例如：來自腎的恐懼、來自肝的憤怒、來自肺的哀傷。愛的情緒與心臟經絡相關，受到心包膜的調節與和諧；而三焦則協調體內整個營養攝取、分布、消化與排泄系統[87]。上焦調節吸收，中焦調節轉化，下焦調節排泄，過度焦慮讓三焦無法維持喬治的吸收、消化與排泄系統之平衡，因此造成他的胃部不適與腹瀉。

四、易術與跨文化工作

易術也能協調文化間與種族間的紛爭。從 1989 年開始，在全球不同的

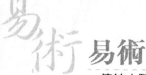
國家裡，我一直與多元文化社群共同處理文化適應歷程所引起的紛爭。以下將會討論這些我稱之為「文化劇」的歷程。

（一）在非洲的文化劇

我最近所做的是在西非的迦納，與 Jon Kirby 博士、Edward Salifu Mahama 先生，以及來自荷蘭的 Renee Oudijk 女士。當 Jon Kirby 博士，這位在劍橋接受教育的社會人類學家，請我在北迦納帶領一個建立和平的工作坊時，我感到相當驚喜。我與 Kirby 博士是 1989 年在 Tamale 我的工作坊之後認識的。我工作坊的一個成員 Fr. Kofi Ron Lange 將我介紹給 Kirby 博士，他當時是 Tamale 跨文化研究的主任。Kirby 博士對我所做的跨文化工作非常感興趣，他開車帶我到 Wa，同時也參加了我在當地的兩天工作坊。

圖 77　北迦納的豐收舞

圖78　作者與工作坊參與者 Dagomba 酋長在他的宮殿

1.暖身

　　我們為來自北迦納的兩個部落——**Dagomba** 和 **Konkomba**[88]，辦了一場為期一週的工作坊。我們先用一個扮演對方的自我介紹活動為團體暖身，這是當初 **Zerka Moreno** 教我的一種方式；接著進行一個我所提出的藝術治療的活動。我為團體說明繪圖的歷程，我請成員想像他們因船失事而漂流到一個荒島上。這兩個部落彼此完全不認識，卻因為海難而被迫在一起，他們必須要分享空間與資源才能夠生存。我要他們用彩色筆在一張空白的大床單上畫出在這個島上的感覺，即對生存的擔憂。畫圖的目的是幫助促進者與成員在工作坊的一開始時，瞭解團體的心理與社會計量的實際狀況。

圖 79　此圖顯示著在開始時的團體心理上以及社會計量現實

2.表演──體認的歷程

　　第二階段是表演。成員選擇對方角色的文化場景來表演，也就是說，Konkomba 演 Dagomba，反之亦然。當 Konkomba 演出 Dagomba 的生活場景時，Dagomba 坐在觀眾席上看。這不僅會讓 Dagomba 面對他們本身文化所隱藏的價值觀、期望以及行為模式，他們也可知道對方是如何在看待這些。他們被邀請去扮演替身來修正對方的觀感；然而對方的觀感大部分是正確的。這個歷程不僅幫助成員瞭解他們的文化對別人的影響，也幫助他們對自己的文化有更深的體認。既然這兩個部落緊緊相鄰，他們無可避免的互相依賴。在其中的一幕，當他們重新表演一個逃難的場景，整個團體都哭了。侵略者非常憤怒，我鼓勵團體去回想當時的暴力，我借用氣功的呼吸與發出聲音的歷程，來幫某些成員降低張力。在某一刻，甚至有一位團體成員準備要攻擊表演者；心理劇的歷程幫他表達感覺，然後這個程序才能繼續進行。

圖80 酋長的法庭場景

3.回到各自的文化團體：對本身文化的接納、合作與整合的過程

有此認知之後，成員回到各自的部落團體，讓每個部落學習去接納他們自己文化特質的實際狀況，並學習如何調和這些特質。在這個整合的過程中，我向成員介紹了 Joseph E. Shorr 博士[89] 的語句完成練習：我感覺_____；我需要_____；我害怕_____；我偷偷地_____；絕對不要叫我為_____等。在個別部落成員之間的互動、對話與協商，幫助他們達到內部的文化協調。

4.回到大團體──綜合的歷程

在最後一個階段，當這兩個部落在大團體中再度會合，他們的互動帶來了彼此的尊重、肯定與賦權。團體被鼓勵創造未來的願景，兩個部落共同創造了一個自我增強與互相增強的和平文化前景。他們瞭解到，每個文化規範如果在適當的時空，以適當的態度來使用的話，都是好的；他們學

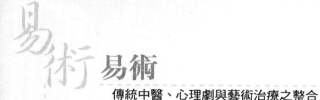

到如何吸收每個文化最好的特質，來形成新的綜合體。這個歷程不只幫助他們對本身文化有更深的瞭解，同時也接納自己和對方文化的特質；他們學習到如何突破有意義的溝通與共存的障礙[90]。

這兩個來自不同文化的部落，能共同創造出一個和諧與平衡的社區，一個新的和平文化誕生了。他們最後在床單上的團體畫顯示出新的團體動力，最後的圖畫所象徵的團體社會計量，顯示出與工作坊剛開始的圖畫大不相同。

初始的畫作所呈現的是每個人都待在床單的邊緣——Dagomba 和 Dagomba 在一起，Konkomba 和 Konkomba 在一起。最後的畫作則顯示出兩個部落互相混合，他們同心協力一起共同作畫。很明顯地，第一張畫的中間是空白的；而在最後的畫裡，兩個部落共同創造了一個社區中心。

圖 81　最後畫作顯示 Dagomba 及 Konkomba 共同創建一個社區中心

（二）在馬來西亞的文化劇

在學生的邀請下，我於 1997 年 8 月前往馬來西亞，並首度在當地的一所中文中學設計出此種型態的文化劇。當時她是這所學校的輔導主任，學校正面臨教職員之間的跨文化衝突，有些人想要繼續以傳統的權威、階級與軍事化的方式來管理學校；其他人則想要使用愛心、滋養以及民主的方式。暖身的歷程很不一樣，我們先作靜功，接著是音樂與律動，然後他們用同樣的荒島主題作團體畫。不同的是，他們是來自同樣的種族與同樣的文化背景；同時，是新的文化教育觀念挑戰舊的觀念，學校社區裡的每一個人，除了學生以外，包括守衛，都被邀請來參加這個歷程。

繪畫與之後的表演幫助他們修通、認識與接納。每一個團體成員都參與演出了學生的角色，對立的團體雙方都能夠處理他們自己的調整與整合。當他們再度會合在大團體時，雙方都能明白對方的價值。我鼓勵他們作未來的投射，去看清楚他們如何將學校帶往二十一世紀。他們能同心協力共同創造一個新的文化系統，來統合新舊兩者。寫此書的現在，這個學校仍然運作良好。

（三）在台灣的文化劇

1988 年，在台灣台北的開平高中遇到了同樣的危機。校長夏惠汶博士是我的學生，他邀請我為學校的系統做一個文化劇。第一次，工作坊成員包括老師與所有的職員，也包括守衛與清潔員。第二年我們做了兩個劇，一個是和職員以及幾位家長，另一個則是與整個學校系統，也有學生；有一千多人參與了這個歷程。我們運用了整個校區還有兩層樓的學生，有些

人在上層的包廂,很像莎士比亞式的劇院。這個劇持續了一整天,中午有午餐休息。這過程也見證了從完全混亂的樣貌,到一個統合形式的創造結果,真是一個美好的經驗。

討論:文化劇採用了 James G. Vargiu 博士在《心理綜合學工作手冊》(*Psychosynthesis Workbook*)中所描述的五個階段。以交換角色的表演來幫助成員看清楚他們自己文化的運作,並瞭解它們是如何影響別人,以及別人在與他們的關係中可能有何感受。

這樣的表演,帶來對自身文化各種複雜面向的認識與接納。當團體成員分開來和他們自己的文化或種族團體在一起時,他們可以協調與整合他們本身文化的意義與細微差異。最後的團體會合則有助於解決因誤會與不實際的期望所引起的衝突。他們同心協力創造出一個新的和諧文化秩序。

PART 4

結論

一陽生復，萬物亨通

～《易經》第二十四卦：復卦～

「融和」　作者繪於 1971 年 5 月。

C h a p t e r 08

結論

易術希望能在這個愈來愈分裂和瓦解的世界中,創造出和諧與平衡。這個發展是我邁向完整的個人與專業的旅程;這個歷程也是我在旅程中,所接觸到的一切的混合、整合與統合。

易術是一種創造性的積極治療,它能達到與其他團體治療方式一樣的治療因子;不同的是,它採取整合的取向。易術是歷程取向與行動取向,它包括身體動作,經由藝術、音樂、舞蹈、面具、詩歌、引導式冥想、戲劇表演等的參與和表達,鼓勵自我覺察。它幫助個案在藝術的體現或藝術表達中,將模糊或抽象的思考或感覺具體化;它探索隱含在信念、過去的聯想、夢、抗拒、移情、防衛機制與相關情緒中的下意識意象、象徵或隱喻;它經由藝術表達與表演,整合了各種自我狀態──幻覺、夢境、出神,與其他解離現象。

易術用創造的歷程,將人們覺察中隱約浮現之顯性覺察展現出來。在這個歷程中,治療師可以幫助個案,為創造性的成長釋放能量阻塞。

內在的阻塞、未表達的糾纏能量,潛意識裡想要表達的衝動、尋求滿足的內在需求,通常會重複呈現;如果他們沒有機會得以釋放或滿足,他們不只會造成個人的生理不適或病痛,他們也可能會影響整個社區與他們所在的整個世界。易術整合中醫與西方心理治療,以使個案能將這些阻塞

的能量釋放。

在中醫裡，這些阻塞的能量可以經由聲音、律動與呼吸，以及打通經脈的氣來得到釋放。道家的靜功用呼吸與觀想，來引導能量通過經脈以消除阻塞；而動功則用呼吸、觀想、聲音，與肢體動作來打開阻塞的能量。易術不只幫助消除身心靈系統阻塞的能量，它也能按部就班地追查出造成能量的阻塞創傷；有些情緒傷害可能埋在潛意識或下意識的深處，易術運用想像與自發性繪畫或舞蹈動作，將隱藏的題材帶到意識覺察。

易術希望幫助人們回到如同孩子般的天真、自然與自發。莊子的「真人居於真境」所說的就是自發性。對 Moreno 來說，真境可說是一種純然的自發狀態，完全沒有文化傳承的限制，人能與宇宙進化的歷程合為一體；在這樣的經驗裡，理智的思考完全停止，他很單純地接受事物的本來面目，不增不減。「接受事物的本來面目就是說，首先，接受它就是你感覺到它的樣子，而不是抽象地談論它，來使自己困惑。」（William James，澈底經驗主義論文集，頁 13, 48, in Fung, 1952: 239）這類似佛教裡所謂的現量。莊子在〈齊物論〉中描述了這種真境：

古之人，其知有所至矣。

惡乎至？

有以為未始有物者，

至矣、盡矣、不可以加矣！

其次以為有物矣，而未始有封也。

其次以為有封焉，而未始有是非也。

是非之彰也，道之所以虧也。

　　根據古聖賢，可以透過靜功來達到真境的境界。我們的經驗會形成一個濾網以判斷後續的經驗，尤其當這些經驗帶給我們痛苦、苦惱，或其他負面感覺或情緒時；這些判斷會阻礙體內氣的自由流動，也妨礙我們與世界的關係。當我們失去了與宇宙間道之流動的連結，我們也失去了對自然生長歷程的信任，我們開始用笛卡兒哲學的眼光去看這個世界，我們與生命力本源的內在連結被打斷了；這就是為什麼亞當與夏娃被告誡要遠離知識樹。我們要如何才能保有孩子的天真？對道家和 Moreno 來說，答案就是自發性與創造性；而對傳統中醫師來說，就是過一種與大自然和諧平衡的生活——能量沒有阻塞或失衡。

　　傳統中醫認為，痛苦的經驗不只影響我們的判斷，干擾我們與世界的互動，也會影響我們體內的器官。許多所謂的身心症狀皆有其生理上的原因，例如：恐懼影響腎臟，尿床通常可以追溯到身體或情緒的創傷，或是兩者都有。

　　中醫師認為，疾病是肇因於內在器官裡的氣（生命力）不和諧或不平衡；或是人們無法達到與社會及自然環境和諧的互相連結。

　　他們將療癒看作一個複雜的歷程，那是一個持續的平衡，以及協調體內及與環境關係中的陰陽能量的歷程。他們將健康視作德，或真我固有的完整表現。它顯示了元、亨、利、貞四個字的本質，這四個字也代表道，即天德（現象界的固有特質）。道在個人稱為德，人天生就有這個與宇宙本體（道）連結的固有本質。

　　老子在《道德經》第五十一章說：

　　道生之，德畜之；

物形之；勢成之。

是以萬物，莫不尊道而貴德。

莫夫之爵也；

而恆自然也。[91]

　　西方對抗療法醫師的觀點，是根據牛頓科學而來的。Andrew Weil 曾指出：「我們的醫生將視野窄化到，只注意肉體以及疾病的物質層面。」[92] 他們把身體看成是一部生理機器，如果任何部分壞了，他們就能把它修好。他們沒有意識到療癒是一個複雜的歷程，一個持續變化、平衡，以及調和的創造歷程。傳統中醫從內部器官自由流動的氣或生命力的調和與平衡，以及其與周遭社會與自然世界之連結來研判病情。

　　如先前討論過的，傳統中醫認為眾生是互相關聯的，宇宙只是一個活的有機體。這個互相關聯的有機整體被看成是一個大宇宙，而人的身體則是一個小宇宙，在其中，身心靈都是屬於這整個有機體互相關聯的一部分。眾生是被氣推動邁向個人的整合，人際與超個人的和諧。雖然氣是無形無相的，但它充塞整個宇宙，擁抱、環繞、充滿所有的眾生。在實際運用上，這個無形無相的元素，以聲音、電磁波、光、熱、氣場的形式，可以轉化成為固體的質量，來支撐並供給身體能量。反過來說，有形的元素如體液，可以轉化成氣，氣則可以進出身體而產生療癒。

　　傳統中醫師從陰陽二元轉化的觀點來看人的健康。有形有相的身體本質上是陽；而無形無相的能量體本質上則是陰。陰陽二元永遠並存，它們互相影響與轉化，無法單獨存在。在療癒的歷程中，能量體療癒了，身體就療癒了；反過來說，如果能量體失衡，則身體就會有病痛。

　　情緒被視為是無形的能量體，而行為與肉體的症狀則被認為是有形的身體。情緒失衡常會影響身體。在心理問題的治療中，易術不僅處理情緒（即能量體），也處理行為（即身體）。經由藝術、音樂、舞蹈與戲劇的創造歷程，人能將無形變為有形，無相變為有相，情緒狀態成為可見。易術同時處理有形的身體與無形的能量體。

　　易術的終極目標是博愛。只有愛能療癒分裂的自我與分裂的世界。我們如何阻止那撕裂生命，使全球成千上萬的人流離失所的仇恨與戰爭？我們如何開始為兒孫創造一個安全與愛的世界？這就是易術的使命。易術不僅是運用創造性藝術與傳統能量中醫，來治療受傷靈魂的歷程，同時也運用文化劇來達到維護全球和平的一種防制措施。

　　以小小的第一步，易術希望能在這個充滿了仇恨與戰爭的不確定世界中，創造愛的社區。它希望能創造健康的個人，並提升家庭裡的愛與和諧；還有個人周遭的學校系統，以及小社區中的愛與和諧。

　　在這個後現代時期，家庭有重大的責任要為他的成員提供安全的居所與安定感，夫妻之間的愛要延伸到他們的兒孫。在這個追求物質的文化中，傳統道德標準逐漸沒落；明確的說，傳統道德價值觀未必適合現代的社會，但我們不需要因噎廢食；重要的是，尊重人類的尊嚴，並視我們自己為有靈性的生命，能在生命的各個層面去顧及基本的人類尊嚴。

　　從二十五年以上的臨床經驗中，我學到了人會罹患令人衰弱的疾病，不論是生理或心理的，或兩者都有，通常都是童年創傷的結果。部落與種族的不和諧也是起因於古老、祖先與世界互動所遭受到的創傷經驗。要創造一個健康的世界，我們每個人都有責任，我們每個人都必須學習去活在這個快速變遷的世界；在全球化的過程中，我們不要忘了我們每個人的尊

嚴與美，以及自己的文化遺產。我們需要自由並開放地去歡迎，並珍惜別人文化的不同與價值，而不要拘泥於自己的文化傳承。我們都是世界的創造者，而非回應者或機器人，讓我們一起努力來創造一個大同的世界！

附註

1 婆：祖母。

2 Gilgamesh 是古代巴比倫地區（Babylonia）的烏魯克（Uruk）國王，此地區位於現今伊拉克境內幼發拉底河流域，他生於約西元前 2,700 年。有許多關於 Gilgamesh 的故事與神話，其中一些約在西元前 2,000 年用蘇美文（Sumerian）記載在石板上，至今仍然存留著。這些蘇美文的 Gilgamesh 故事也被寫於一些較長的詩篇中，版本不僅存在於 Akkadian（Semitic 語言，與希伯來文有關，為巴比倫人使用的語言），有一些用 Hurrian 與 Hittite（一種印歐語言，印歐語系包括德文與英文，是亞洲少數民族使用的一種語言）以一種叫做 Cuneiform 的文體寫在石板上。至今仍然存留最完整的版本是在十二塊石板上，是由據知第一位撰文作者 Shin-eqi-unninni 以 Akkadian 文所寫的。這些石板被發現於 Ashurbanipal（在 Nineveh 的 Assyria 國王，669-633 B.C.）圖書館的廢墟中，這座圖書館在西元前 612 年被波斯人摧毀。

3 嘯只能在最安靜並且遠離人類住處的地方發出來，這種聲音能感動自然的靈，並使生命與自然的元素和諧地各歸其位。在《嘯誌》第十一章中，有一則關於阮籍與仙君（亦稱孫登）的軼事。他們兩人都愛嘯，有一天阮籍去拜訪仙君，對他表達敬意，仙君假裝無視於阮籍的存在，完全不理會他。阮籍很挫折地離開並發出十幾次的嘯聲，仙君聽到了以後，也以嘯聲來回應。當時，阮籍聽到所有的樹與植物都發出不同的聲音；不久之後，暴風雨來臨，接著是麒麟與無數的孔雀出現。《嘯誌》中也提到，嘯是純粹的

氣振動舌頭，嘯的純淨可以感動神鬼並上達仙境。在成公子安的〈嘯賦〉（陽山古詩文房，百部叢書集成，藝文書局）第三卷中提到，嘯是由一些放下榮華富貴的人所發出，以保持他們的正直與純淨。嘯不需要任何樂器；嘯非常的神祕，也很精細，它能與靈以及自然的本體溝通。

4 易術非常倚重傳統中醫、中國道家哲學，以及《易經》的哲學。它大量地擷取心理劇的治療歷程與社會計量學，並整合了傳統中醫於創造性藝術治療的療癒歷程。

5 心理劇是一種團體心理治療的方法，由 Jacob Levy Moreno 與其妻 Zerka Moreno 共同創造。它複雜的治療歷程採用舞台表演方法，經由引導的戲劇演出。心理劇可以促進一個人的成長，以幫助他／她來處理未完成的事件與生活中衝突的狀況。它的目的是要恢復一個人的自發性與創造性。當它處理團體議題時稱為社會劇。

6 Jacob Levy Moreno 創造了 Sociometry（社會計量學）一詞。這個字來自拉丁文的 socius，其意為社會，以及德文 metria，其意為計量。社會計量學是一種測量人們之間關係程度的方法，也是一種處理團體動力的方法學。1932 到 1938 年間，Moreno 在位於紐約哈德遜的紐約州立女子訓練學校做了第一個長系列的社會計量學研究。社會計量學是一種追蹤團體中人際關係心電感應（tele）的方法學，也是人們基於人際關係所做的一種選擇。

7 完形治療是一種整體的心理治療，由 Fritz Perls 所創。它的目的是要提高一個人對當下的自我覺察與感知，尤其是關於他與別人以及環境的關係。完形理論與治療方法強調，以提高當下的覺察以及瞭解所有事物的互相關聯性，來解決一個人的心理衝突。

8 整體觀是《易經》的主題。這種世界觀與人本心理學家的理論與實務一致，如 Maslow、Rogers、完形治療，以及 Moreno 的心理劇理論。它也支持環境學家，例如：Eric Katz、Aldo Leopold、B. G. Norton 和 Gary Varner 等

人，所提倡的環境倫理。

9　《易經》已經被翻譯成許多西方的語言。大部分的讀者視此書為算命之用，而忽略了其中最重要的部分——生活、自然科學與社會科學的哲學。雖然它常被用來占卜，但占卜只是《易經》的形式，其內容是自然現象觀察的累積。它也是中國哲學、科學思想與文化的開端。《易經》的文字初期出現在商朝（1766-1401 B.C.）的甲骨文。商朝是一個社會不公平與不穩定的時代，這使得占卜成為無可避免的做法。在殷朝（1401-1137 B.C.），社會比較穩定，天文學、立法、農業與工業發達，《易經》因此成為自然與社會科學的用書。《易經》的陰陽五行理論是中國傳統思想的搖籃。

10　道：宇宙的實相與潛能。

11　德：每個人生來都具有德，但被後天的制約所遮蔽。德是固有的潛能，如果一個人能夠跟隨自然與自發之道，德可以維持、增強人類的生命，並使之開花結果。

12　見第四章「身體本身就是統合的整體」一節（頁30）。

13　五行是木、火、土、金、水。

14　五臟是肝、心、脾、肺、腎；六腑是大腸、膽、胃、膀胱、小腸以及三焦。

15　由 Fritz Perls 所教導的完形概念。覺察存續是指一個人對當下時刻持續的覺察。

16　氣功可以分成兩大類：一種是動功，另一種是靜功。靜功稱為心齋與坐忘。靜功在漢末盛行，並延續到唐朝，共一千多年，它是一種深度靜默的方法。氣功是一種促進健康的運動，在中國已經修練了五千多年。

17　文化傳承（Cultural conserve）：為創造者拋諸腦後的行為、理論、書籍與藝術創作。

18　社會原子（Social atom）：Moreno 稱最小的社會團體為社會原子，它是由一個人生命中的重要他人所組成的。與重要他人（不論是真實的或想像的，

過去、現在或未來的）之關係的心理感知社會原子的改變，會影響一個人整個生命。我們的行為與情緒和我們原生家庭的社會原子息息相關。

19 我致力於連結中醫理論與創造性藝術治療歷程，結果獲得成功。2000 年 12 月，我於舊金山舉辦的「第五屆世界傳統醫學大會」上發表了一篇文章，是關於結合中國能量醫學與創造性藝術治療的歷程，來療癒心理困境，我得到了第三名以及一面傑出成就的獎牌。能被傳統中醫的同行接受與認可，對我來說是很大的鼓勵。

20 對完形治療師來說，藝術不僅是表達夢想或想像的內容，也是真實片刻的創造性經驗，繪畫具體化並記錄了一個人當下的經驗。

21 Zerka Moreno 是 Jacob Levy Moreno 的妻子，他們共同發展出心理劇。她是一位國際知名的教師與治療師，美國團體治療與心理劇協會的榮譽會長，國際團體治療協會的會員，也是南京神經精神醫院的心理健康顧問，以及國際 Zerka Moreno 機構的榮譽會長。

22 主角是劇中的英雄。心理劇是導演與主角所共同創造的，導演是跟著主角的故事走。

23 John Nolte 是一位心理劇訓練師，由 Jacob Levy Moreno 與 Zerka Moreno 所訓練出來的。

24 我請來自不同文化的成員，每一個人報告一種典型的狀況，來描述他們人際關係中的社會規範。成員對狀況的意見一致，而每種文化用行動來顯示他們處理這種狀況的方式。

25 對抗療法是依靠藥物殺死細菌來治療疾病。西醫採用對抗取向的細菌理論，認為疾病是細菌造成的，需要使用不同的藥物來治療與特定疾病相關的症狀，直到症狀消除為止，如有必要時，會使用外科手術。

26 根據傳統中醫的說法，三焦經代表身體內三個假設性的空間，這些空間與氣的創造有關，它們是想像中的體腔。直到今天，對它們的生理機能並沒

有決定性的說法。一般而言，它們分為上焦、中焦與下焦。大部分的醫師都接受明朝張介賓的推測，將三焦視為三個大腔，包含了所有的內在器官。從中醫的角度來看，上焦位於橫膈膜以上的部位，包括心、肺；中焦位於橫膈膜以下，臍以上的部位，包括脾、胃；下焦位於臍以下的部位，包括肝、腎、小腸、大腸、膀胱與子宮（有關三焦位置的傳統描述，只是三焦的功能分類，並不代表臟腑的解剖位置）。肝臟位於中焦，但傳統中醫將之列於下焦，只是因為肝臟與腎臟有密切的關係。三焦是中醫特有的概念，在西醫解剖系統並沒有類似功能或器官。有些人更提出三焦有名而無形的說法。雖然已有人提出幾種學說，如三焦為胰腺學說，以及三焦為整體代謝學說；但至今，仍未有確切的定論。中醫認為三焦與身體中氣的活動及水液運行有關，《黃帝內經》對三焦的功能有這樣的總結：「上焦如霧、中焦如漚、下焦如瀆」，視之為營養水液的運行通道。《黃帝內經》又說：「三焦者，決瀆之官，水道出焉。」

27 氣也可以說是一種能量，它與宇宙能量相連，在人體內、自然界及整個宇宙運行。

28 Candice, B. P. (1997). *Molecules of emotion: Why you feel the way you feel* (p. 143). New York, N.Y.: Scribner.

29 Op. cit. p. 189.

30 請參閱: Feynman, R. P., Leighton, R. B., & Sands, M. (1971). *The Feynman lectures on physics* (Volume II) (Chapter 18). Keading, MA: Addison-Wesley.

31 吳慎教授是美國政府唯一認可的養生醫療音樂特殊人才，任夏威夷大學醫學院兼任教授。他在中醫音樂療法的領域裡，有著承先啟後的作用。在芬格樂對外發表的醫學報告裡，特別做了重要的說明：吳慎教授的中國音療絕對沒有副作用，不會傷害任何人。他 1994 年來到美國時，在十多個州巡

迴教學，以醫療音樂揚名中外。美國主流 NBC 電視台曾報導吳慎教授在美國洛杉磯養生音樂會的轟動場面，令人嘆為觀止！主持人聲稱這位東方人物「是一位不可思議的人士！」1980 年代，年輕的吳慎教授融會貫通《黃帝內經》及《易經》，實踐了樂先藥後及五音對五臟的理念，成為五音理療的創始者，且據以行醫的唯一一人。在中國以理療音樂行醫十餘年，已治療無數病患，在前往美國之前，三十餘歲的吳慎成為音樂治療的當代傳奇，受到中央官方的肯定。1996 年吳慎教授取得執照，在美國佛羅里達州開業，以音樂治療行醫。開業地點為西醫工會醫療區，與多位西方醫學博士合作。

32 Capra, F. (1975). *The Tao of physics* (p. 81). Berkeley, CA: Shambhala.

33 「河圖洛書」相傳始於宋朝，據傳畫於龍馬。相傳三皇時代，某日伏羲氏行經黃河孟津一帶，河中忽然躍出一神獸「龍馬」，此獸高六尺四吋，長七尺二吋，龍首、馬身、獅尾、牛蹄、足生飛毛、脅生肉翅、背上毛莖迴旋，馬背上有如星點構成的圖案，稱之為「河圖」。龍馬背上刻有一到十之黑白自然數，白點代表奇數為陽，黑點代表偶數為陰，一六居北在後，二七居南在前，三八居東在左，四九居西在右，五十居中，一共有五個方位，象徵「陰陽五行」。而各有兩數，象徵陰陽，因此河圖又稱「陰陽二氣圖」。伏羲氏透過龍馬背上的「河圖」，以及自我觀察，於是發明了「八卦」。八卦又分為「先天八卦」與「後天八卦」，先天八卦乃周文王姬昌所創，後天八卦乃宋代邵康節所製，兩者差別在於八卦的方位排序與數序上的不同。

洛書傳說：堯舜時代洪水氾濫成災，大禹奉命治水，某日大禹在陝西維南縣之洛水發現一五彩神龜，背上刻著黑白九數的幾何圖形。九個白點靠近頭部，一個白點居尾部，三個白點在左脅，七個白點在右脅，四個黑點靠近左眉，二個黑點靠近右眉，六個黑點靠近右足，八個黑點靠近左足，五

個白點在背中央，九個位首象徵九宮，陰陽分列交錯，稱為「洛書」，又名「九宮」。大禹領悟到洛書的玄妙，依九宮將天下劃分成九州，將一般事物區分為九類，並著《洪範・九疇》為治國大典。今日之八卦受河洛之影響甚大。

34 中醫注重氣色，常以人的顏色、氣色及味道診斷病情。五臟對五色，例如：腎臟與黑色有關，腎氣虛則以黑色食物補氣。

35 James, W. (1894). *Essays in radical empiricism* (pp. 13, 48). 以及 Fung, Y.-L. (1952). *History of Chinese philosophy* (Vol II) (p. 239).

36 ekstasis 跳越：(1)在時間上：為自我（for-itself）消滅了在內自我（in-itself），雖然仍屬於它，有三個時段：過去、現在與未來（三個時間的跳越）；(2)反思（Reflection）為自我（for-itself）用外在觀點看自己；(3)存在為他人（Being-for-others）、為自我（for-itself），發現有個自我是為他人的（for-the-other），這個自我是無法知道也無法捉摸的。

37 Pirandello是義大利作家，在 1934 年他因為大膽地改善了舞台，而獲得諾貝爾獎。他的話劇常被視為荒謬劇的前驅，也常結合現實與幻想，使人用不同的角度看事情。他認為現實是矛盾的，常常因除去面具而造成鬥爭。他寫過長篇、短篇小說，以及大約四十部話劇，有些是用西西里（Sicilian）方言寫的。

38 心齋、坐忘：「齋」是物忌，像飲酒茹葷，祭祀時的物忌。「心齋」就是「心裡的物忌」。心齋者，一若志，無聽之以耳，而聽之以心；無聽之以心，而聽之以氣，聽止於耳，心止於符。氣也者，虛而待物者也。唯道集虛，虛者，心齋也。簡單的說，「心齋」就是「無己」，也就是「無義」，志是心之所之也。一志就是用志不分，心無旁騖。以氣聽就像是庖丁解牛一樣，以神遇而不以目視。人精神專一則不知有己。所以顏回說：「回沒有受到『心齋』的教誨，實實在在感覺到有自己的存在。受到『心齋』教

誨之後，就不覺得有自己的存在了，這可以說是『虛』嗎？」孔子說：「心齋的妙處就盡於此了。」

坐忘就是「離形去智」。在《莊子‧大宗師篇》中說：「顏回曰：『墮肢體，黜聰明，離形去知，同於大通，此謂坐忘。』」墮肢體即是離形，黜聰明即是去智，也就能達到「無己」的境界。所以「坐忘」即是心齋的效果。像老僧入定，又像在〈齊物論〉中所提到的南郭子綦一樣的「形如槁木，心如死灰。」都是心齋坐忘的功用。一個人能做到這樣的境界，一片虛空，無物我，無彼此，自然也無是非利害了。這也就是如老子所說：「吾所以有大患者，為吾有身，及吾無身，吾有何患」的大無為與無所不為的大道理是一樣的。

而今老師所傳授我們的道家太極拳、氣功、心法，都是由我國古老的文化與哲學作為根本，時常教我們如何尋找老祖先所遺留下來的根（太極哲理）。道家內功心法：「心齋」亦是《莊子‧人世間》中的心齋。其方法簡易而功效神奇，也是內功氣的根本。能導陰接陽，使全體經脈通順，達到筋脈和同，平衡體內機能，推動先天氣機，進而延年益壽。口述為「日月相合為明，明心見性，抱元守一。」「明心見性」，率性是為道。「抱元守一」為心氣相守於丹田。丹田為藏精之室，為氣海。抱元是虛無，道家認為「命」即是精氣，如精氣被六慾所占，便成為凡精、濁氣。此時須由虛無入手，即由後天，命歸為先天。「虛無靜篤」就是「心齋」之妙處。恬淡虛無，真氣從之。水火既濟，生之機也。

39 Moreno認為，自我是由角色發展出來的，角色是文化的傳承。個人會受到社會、文化背景，以及他在那環境中應扮演的角色所限制及影響。

40 天命是建立在自性的本覺與明心見性上。歷代祖師一定都是明心見性，才能領天命傳道。《清靜經》：「能悟之者，可傳聖道。」如六祖悟到本來無一物的自性，才能承受祖位。朱熹說：「天命，即天道之流行而賦於物

者，乃事物所以當然之故也。」

孔子對自然現象（天道）並沒有做過多的探究，而是把全部理論熱情轉向了社會人生（人道）方面，因此，孔子的天命觀儘管已經出現了向自然天道觀的轉換，但這種轉換還帶有很大的不確定性與不澈底性，還帶有很大的思想局限性，處處顯示出信仰與理性的矛盾衝突。直到戰國末期的荀子，才終於完成了由天命向天道的型態轉換。相反的，孔子對社會人生（人道）方面的思考和觀察則達到了相當高的程度。自孔子開始，天命鬼神被懸置起來，天命鬼神不再是關注的焦點，不再是支配一切的人格神，人們只是偶爾把天命鬼神作為一種形而上的思想背景和價值依據，採取既不肯定也不否定的態度。人們把關注的重心由天命鬼神轉移到了社會人生（人道）方面，並在人道領域提出了一系列震古鑠今、具有永恆價值和意義的概念和命題，一系列影響中國政治數千年的思想觀念和政治主張，使儒家最終沒有走上宗教之途，完成了儒家政治理論的一個重大價值轉折，成為中國政治思想文化發展演進的一大里程碑。誠如牟宗三先生所言：「孔子在《論語》裡，暫時撇開從天命天道說這一老傳統，而是別開生面，從主觀方面開闢了仁、智、聖的生命領域；孔子未使他的思想成為耶穌教派式的宗教，完全由於他對主體性仁、智、聖的重視。這是瞭解中國思想特質的最大竅門。」（牟宗三：《中國哲學的特質》，上海古籍出版社 1997 年版，頁27、41）以至於兩千多年後的今天，人們還認為，要解決一系列社會現實問題，還必須回到孔子時代，從孔子思想中汲取思想智慧。（王杰：《論孔子的天命、人性及政治價值依據》，2005-7-21 9:30:57）。

41 此處令人想到「道樞」及莊子所謂「真人」與「至人」、或者老子的嬰兒。

42 Henri Bergson（1857-1941）是法國的哲學家，1857 年生於巴黎一個有錢的猶太人家，1927 年得諾貝爾文學獎。Bergson 認為直覺（intuition）比知力（intellect）層次較深。1907 年他寫了《創造性的進化論》（*Creative*

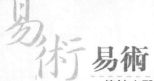
Evolution）及 1896 年的《物體與記憶》（*Matter and Memory*）。Bergson 的理論是以機械式看自然演化的挑戰，有人以為他是「相對論」的前趨，也是近代科學對思維及腦科學（mind）研究的前趨。

43 Moreno 認為，偉大的劇本及詩歌創作靈感都在這個阻塞之下或之後（Moreno, 1983: 49）。

44 五行對五臟及六腑表

五行要素	臟器	腑器	五官	情緒	聲音
木	肝	膽囊	眼	怒	呼
火	心	小腸	舌	喜、懼	笑
土	脾	胃	口	思	嘆
金	肺	大腸	鼻	愁、悲	哭
水	腎	膀胱	耳	恐	呻

45 《黃帝內經素問》第七十二章。

46 《黃帝內經素問》第三十三章。

47 丹田原是道教內丹派修煉精、氣、神的術語，現在已被各派氣功廣為引用。《東醫寶鑒》引《仙經》之文，不僅指出丹田的所在，而且還闡述了丹田的功能：「腦為髓海，上丹田；心為絳火，中丹田；臍下三寸為下丹田。下丹田，藏精之府也；中丹田，藏氣之府也；上丹田，藏神之府也。」古人稱精、氣、神為三寶，視丹田為儲藏精氣神的所在，因此很重視丹田的意義，把它看作是「性命之根本」。

48 過度害怕會變憤怒，憤怒可用悲哀的情緒去克制它。

49 《黃帝內經素問》第五章。

50 「笑」會使氣血流暢及輸通經絡，是治療情緒的好方法。

51 《黃帝內經素問》第十九章

52 在背後中脊，總制諸陽，故謂之曰督，督者都綱也。其循背脊上行，猶如

裘之背縫也。⑴脈經穴道：督脈二十八穴始於尾閭骨端之長強穴，腰俞（功穴）、陽關入命門（功穴），上行懸樞、脊中、至中樞，筋縮、至陽歸靈台，神道、身柱（功穴）、陶道開，大椎、啞門連風府，腦戶（功穴）、強間、后頂排，百會、前頂通囟會（功穴），上星、神庭、素髎（功穴）對，水溝、兌端在唇上，齦交上齒肉縫間。⑵循行路徑：督脈起於小腹下方恥骨正中央，分本絡與別絡循行色身之經絡。①別絡路徑：由會陰穴起，女經溺尿處，男繞生殖器，至恥骨借足少陰腎經內股處，入腹內循任脈，行至小腹胞中（關元穴）。在胞中此內氣分兩路，一後絡至兩腎（主要為右腎）。另一內氣會走衝脈氣街，腹部，上行入喉，環繞嘴唇，一股內行至督脈齦交穴而終。另一股外行上臉頰至兩眼中央下方，噗地一聲入眼內皆；②別絡路徑：由會陰穴經足少陰腎經股內處鼠蹊部，循左內腹部上行至心臟，過心臟經喉頭，後入腦際；③本絡路徑：與足太陽膀胱經同起於眼內皆睛明穴（功穴），上額前，至頭頂，再絡入腦中。由腦再轉出左右頸部，順下項肩部，內挾脊內行，至腰脊部入腎，再由腎經生殖器回到會陰穴。

53 這叫做「鏡照」，創傷的經驗應由輔角演出，主角不進入被害角色，而在台下觀看，以免二度受傷。

54 黃帝於西元前 2696 至 2598 年統治中國。

55 《黃帝內經》是用對話方式寫的，多半是黃帝與大臣的對話。五千年以來《黃帝內經》一直受中醫重視，其中許多理論都能經得起時代的考驗。

56 心包，心臟的一部分，是陰器官，西醫不承認它的功能，是西醫解剖學中沒有的。

57 「德」是人與生俱來的，與「道」有連繫的。

58 太極拳也可視為動功的一種。

59 Moreno, Z. (1975/1969). Chapter V: Overview of psychodramatic techni-

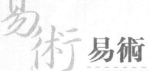
ques. *Psychodrama* (Vol. III) (pp. 233-246).

60 大週天是在小週天的基礎上，先經煉精化氣，打通任督二脈，當氣在丹田中發動後，在丹田部位會產生一股熱氣、一種能量，這股熱氣通過奇經八脈，十二經脈至全身，在全身循環運行。大週天過程中精氣的通達因人而異、有沿奇經八脈走的，也有沿任督及其它一、二條經脈走的，也有十二經絡都能運轉，甚至也有沿十二條經脈中幾條經脈走的；這是所謂煉氣化神的內丹法。自煉精化氣的小週天初步開始，可漸漸進入煉氣化神的境界。煉精化氣、打通任督二脈、造成了元氣在小週天任督二脈運轉。

61 這個方法是當初我在 1982 年，Joseph E. Schorr 博士於南加州大學舉行的心像（Mental Images）會議工作坊中學到的。

62 很有趣的是，Candice Pert 在他的情緒與神經胺酸（neuropetide）的研究中，注意到神經胺酸與接收器沿著脊椎也可以發現到。

63 見「情緒：疾病的內在成因」一節（本書頁 79）。

64 愛能調和所有的情緒與內在器官裡氣的平衡。

65 報告的個案都得到當事人的許可。

66 所用的出氣棒是武術對打練習用的，那是一根塑膠棒，外面包著泡棉，再用布包著。出氣棒可以用來打抱枕或地板，同時發出「哈」的聲音來釋放憤怒。

67 見圖 6。

68 喬絲為了進一步的體驗，而從新加坡去台灣參加台灣的團體。

69 報告的個案得到當事人的許可。

70 靜功與中國國畫的歷程發表於「道家的觀與繪畫：一種藝術治療歷程」中（美國藝術治療協會十一週年大會會議紀錄，密蘇里州勘薩斯市，1980 年 11 月 6 至 9 日，第 88 至 94 頁）。

71 靜功是在《莊子》第四章〈人世間〉首先提到，整本書都有討論這個概念。

72 我首次經驗到夢劇場是 1980 年在 Conrad Sommer 博士擔任會長的聖路易完形協會，我當主角處理母親死亡的悲傷，治療師是 Joseph Zinker。我記得他指導我去海邊用中文對我的母親說話。從那個經驗中我創造出一種方法，用藝術當夢的象徵來做角色扮演與對話。這引起我的指導者 Kathleen Kelley 博士鼓勵我去接受心理劇的訓練。

73 行動性的表達包括：藝術治療、音樂、心理劇、舞蹈、身體運動，以及氣功等。

74 每一節會有一個人被選出或自願來探索他／她的夢境或繪畫中所浮現的影像。

75 照顧就是絕不可將當事人放進受害者的角色，因為怕他／她再次受到創傷。

76 永遠用現在式來加強事件的衝擊。

77 這是心理劇的用語，當事人是劇中的英雄。

78 扮演不在場的重要他人之團體成員稱為輔角。

79 絕對不可以讓主角處在受害者的位置。

80 下丹田是在肚臍的略後下方，是道家練精的能量儲存處。亦見附註 47。

81 指示團體不可傷害主角或輔角。當打別人耳光時，一手放在他的臉上，另一手打那隻手。

82 這在心理劇稱為鏡照（mirroring）。

83 這次我們做了修補的場景。

84 McCrone, J. (2000). *'Right Brain' or 'Left Brain': Myth or Reality*. The New Scientist http://rbiproduction.co.uk

85 殺死負面的父母與從正面的父母得到支持是改自「心理肌肉重建」（psychomotor reconstruction），這是我在聖路易完形協會從 Conrad Sommer 博士學來的。這會教導個案，人都有好與壞的面向，也給當事人一個機會去修補傷害，由此去修補他與他母親之間的關係。

86 腎屬水,當水氣不足時,他會在屬木的肝產生過剩的陽氣,即水生木。

87 有些研究者認為,三焦經是在丘腦下部,是腦中掌管食慾、消化液平衡、體溫、心跳、血壓與其他基本自律功能的部分。

88 許多非洲最近的衝突是發生在歷史上、地理上以及文化上有關係的種族團體間。衝突的雙方最常見的差異是:一個是以酋長為首而組織的國家系統;另一個則是以家長為首而組織的擴大家庭系統。在殖民地時代,在英屬及法屬非洲裡,有酋長的團體統治鄰近非酋長的團體。這些人在殖民地時代以前就是被有酋長的團體攻擊。Dagomba 是有酋長的團體,而 Konkomba 則是非酋長的團體。

89 我在三個不同的心理觀想(Mental Imagery)大會中,學到 Joseph E. Shorr 博士的 Psycho-Imagination 以及 Hans Leuer 博士的 Guided Affective Imagery。這三次大會分別是:1984 年夏天在加拿大英屬哥倫比亞的 Simon Fraser 大學、1982 年夏天在美國加州洛杉磯的南加州大學,以及 1981 年夏天在美國康涅迪克州的耶魯大學。

90 文化劇的文化統合五階段是借用 James Vargiu 的自我實現五階段,也就是認識、接受、協調、整合,以及統合(Vargiu, J. 1977. Subpersonalities. In *Synthesis, a psychosynthesis workbook.* Vol. I, pp. 52-90),為此我很感謝 Conrad Sommer 博士,1978 年她在聖路易完形協會將這個歷程介紹給我。

91 《道德經》第五十一章,王弼註,四部備要 361 冊(第 9-10 頁),台北:中華書局出版。引自 Gong, S. (1983). Creative relating. In *Relationships* (p. 114). Whitensville, Massachusetts: Affirmation Books.

92 Weil, A. (1998). *Health and healing* (p. 47). New York: Houghton Mifflin Company.

參考文獻

中文部分

Chang, T. Y.（張廷榮）（1993）。易經講義。台北：易學研究雜誌社。

Ching, X. T.（卿希泰）（主編）（1998）。中國道教史。四川：四川人民出版社。

Ding, F. B.（丁福保）（1984）。佛學大辭典。天華出版公司。

He Lo Shu（河洛書）。載於四庫易經總目／01.經部 卷八 易類存目二篇名：繫辭十篇書十卷。

History of Chinese Civilization（1995）。中國文明史。台北：地球。

Huang, Di（1990）。黃帝內經素問譯解。楊維傑編譯。台北：志遠書局。

Li, S.（李申釋）（譯）（1997）。六祖壇經。星雲大師總監修。台北：佛光山宗務委員會印行。

Liu, A.（劉安）（1990）。淮南子。陳廣忠譯注。中國古代名著今譯叢書。吉林文史出版社。

Mozi（2000）。墨子。台北：台灣古籍。

Mu, C. S.（牟宗山）（1990）。心體與性體。台北：正中。

Na, H. C.（南懷瑾）（2000）。靜坐修道與長生不老。台北：考古文化事業司。

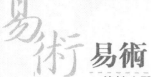
Wang, F. D.（王夫子）。莊子通、莊子解。台北：里仁書局。

Xiaodzi（1966）。嘯旨，百部叢書集成。（唐）孫廣撰。台北：藝文印書館。

Xin, Y.（星雲）（1997）。金剛經講話。星雲大師總監修。台北：佛光山宗務委員會印行。

Yang, L.（楊力）（1990）。周易與中醫學。北京：科學技術出版社。

Zhu, Q. Z.（編）（1991）。老子校釋。新編諸子集成（第一輯）。中華書局出版。北京橋中印廠印刷。

Zhu, Z.（朱忠寶）, Huang, Y.（黃月中）, Tao, J.（陶錦文）, & Li, Z.（李照國）（譯）（2002）。新編實用中醫文庫（A Newly Compiled Practical English-Chinese Library of Traditional Chinese Medicine）。上海：上海中醫藥大學出版社。

英文部分

American Psychiatric Association (2000). *Diagnostic and Statistical Manual of Mental Disorders* (DSM-IV-TR). Washington D.C.: The Author.

Anderson, W. (Ed.) (1977). *Therapy and the arts*. New York: Vintage Books.

Arieti, S. (1976a). *Creativity: The magic synthesis*. New York: Basic Books.

Arieti, S. (1976b). *The intrapsychic self: Feeling and cognition in health and mental illness*. New York: Haper Colophone Books.

Arnheim, R. (1966a). *Toward a psychology of art*. Berkeley: University of California Press.

Arnheim, R. (1966b). *Art and visual perception: A psychology of the creative eye*. Berkeley: University of California Press.

Assagioli, R. (Ed.) (1977). *Synthesis: The realization of the self*. Redwood City: The Synthesis Press.

Becker, R. O., & Selden, G. (1987). *The body electric: Electromagnetism and the foundation of life*. New York: William Morrow.

Betensky, M. G. (1995). *What do you see? Phenomenology of therapeutic art expression*. London: Jessica Kingsley.

Birren, F. (1961). *Color psychology and color therapy*. Secaucus, New Jersey: Citadel Press.

Bois, J. S. (1966). *The art of awareness*. Dubuque, Iowa: Wm. C Brown Co.

Bruns, R. C., & Kaufman, S. H. (1972). *Actions, styles and symbols in Kinetic Family Drawing (K-F-D)*. New York: Brunner/Mazel.

Bush, J. (1996). *The handbook of school art therapy*. Springfield, IL: Charles C Thomas.

Capra, F. (1975). *The Tao of physics*. Berkeley, CA: Shambhala.

Capra, F. (1997). *The web of life: A new scientific understanding of living systems*. New York: Anchor Books.

Capra, F. (2002). *The hidden connections: Integrating the biological cognitive and social dimensions of life into a science of sustainability*. New York: Doubleday.

Case, C., & Dalley, T. (1992). *The handbook of art therapy*. New York: Tavistock/Routledge.

Ch'en, K. (1964). *Buddhism in China: A historical survey*. New Jersey: Princeton University Press.

Chang, C. Y. (1963). *Creativity and Taoism*. New York: Julian Press.

Chang, C. Y. (1969). *Original teaching of Ch'an Buddhism*. New York: Pantheon Books.

Cheng, M. C. (1985). *Cheng Tzu's Thirteen Treatises on T'ai Chi Ch'uan*. (B. P. J. Lo & M. Inn, Trans.). Berkeley, CA: North Atlantic Books.

Cohen, K. S. (1997). *The way of Qigong: The art and science of Chinese energy healing*. New York: Ballantine Books.

Curle, A. (1972). *Mystics and militants: A study of awareness, identity and social action*. London: Tavistock Publications.

De Bary, W. T. (Ed.) (1969). *The Buddhist Tradition in India, China and Japan*. New York: Modern Library.

De Martino, R. (1991). Karen Horney, Daisetz T. Suzuki and Zen Buddhism. *The American Journal of Psychoanalysis, 51*(3).

Dumoulin, H. S. J. (1965). *A history of Zen Buddhism*. New York: McGraw-Hill.

Feder, B., & Feder, E. (1998). *The art and science of evaluation in the arts therapies*. Springfield, IL: Charles C Thomas.

Feldenkrais, M. (1977). *Awareness through movement*. New York: Harper and Row Publishers.

Feynman, R. P., Leighton, R. B., & Sands, M. (1964). *The Feynman lectures on physics*. Reading, MA: Addison-Wesley.

Foster, B. (Tr. & Ed.) (2001). *The Epic of Gilgamesh*. New York & London: W. W. Norton and Co.

Fromm, E. (1959). Creativity. In H. A. Anderson (Ed.), *Creativity and its cultivation*. New York: Harper.

Fromm, E. (1965). *Escape from freedom.* New York: Avon Books.

Fromm, E., Suzuki, D. T., & De Martino, R. (1970). *Zen Buddhism and Japanese culture.* New York: Harper & Row.

Fung, Y.-L. (1952). *A history of Chinese philosophy* (Vol. I). Princeton: Princeton University Press.

Gerber, R. (2000). *Vibrational medicine for the 21st century: The complete guide to energy healing and spiritual transformation.* New York: Eagle Brook.

Goldstein, K. (1939). *The organism: A holistic approach to biology derived from pathological data in man.* New York: American Book Co.

Goldstein, K. (1947). *Human nature in the light of psychopathology.* Cambridge: Harvard University Press.

Gong, S. (1980). *Tao of seeing and painting: An art therapy process.* In The Proceedings of the Eleventh Annual Conference of the American Art Therapy Association, Kansas City, Missouri.

Gong, S. (1983). Creative relating. In *Relationships* (pp. 112-125). Whitensville, MA: Affirmation Books.

Gore, A. (1992). *Earth in the balance: Ecology and the human spirit.* New York: Penguin Books

Grof, S. (1993). *The holotropic mind.* San Francisco, CA: Houghton Mifflin.

Guenther, H. (1971). *Buddhist philosophy: Theory and practice.* Baltimore, MD: Penguin Press.

Herrigel, E. (1964/1953). *Zen in the art of archery.* New York: McGraw-Hill.

Holmes, P., Karp, M., & Watson, M. (1994). *Psychodrama since Moreno: Innovations in theory and practice.* London: Routledge.

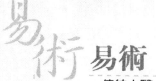
Horney, K. (1945). *Our inner conflicts*. New York: W. W. Norton and Co.

Horney, K. (1950). *Neurosis and human growth*. New York: W. W. Norton and Co.

Huang, P. (1958). *The Zen teaching of Huang Po on the transmission of the mind* (J. Blofeld, Trans.). New York: Grove Press.

James, W. (1912). *Essays in radical empiricism*. New York: Longman Green and Co.

Kapleau, P. (1967). *The three pillars of Zen*. New York: Harper & Row.

Katz, E. (1997). *Nature as subject: Human obligation and natural community*. New York, London: Rowman & Littlefield..

Krishnamurti, J. (1954). *The first and last Freedom*. New York: Harper.

Krishnamurti, J. (1973a). *The awakening of intelligence*. New York: Avon Books.

Krishnamurti, J. (1973b). On transcending self and society. In J. Ogilvy (Ed.), *Self and world: Readings in philosophy*. New York: Charles Scribner and Sons.

Kwiatkowska, H. Y. (1978). *Family therapy and evaluation through art*. Springfield, IL: Charles C Thomas.

Landgarten, H. B. (1993). *Magazine photo collage: A multicultural assessment and treatment technique*. New York: Brunner/Mazel.

Langer, S. (1967). *Feeling and form*. New York: Charles Scribner and Sons.

Langer, S. (1971). *Mind: An essay on human feelings*. New York: Charles Scribner and Sons.

Lao, T. (1989). *Te-Tao Ching* (R. G. Henricks, Trans.). New York: Ballantine

Books.

Latner, J. (1973). *The gestalt therapy book*. New York: The Julian Press.

Legge, J. (1994). The sacred books of China: The texts of Confucianism. In F. M. Mueller (Ed.), *The sacred books of the east* (Vol. 3). Oxford: Clarendon; Reprinted in James H. Overfield, *The human record: Sources of global history* (Vol.1) (2nd ed.). Boston, MA: Houghton Mifflin.

Leopold, A. (1979). Some fundamentals of conservation in the southwest. *Environmental Ethics, 1,* 131-141.

Leuer, H. (1984). *Guided affective imagery*. New York: Thieme-Stratton.

Lin, Y. (1967). *The Chinese theory of art*. London: Heinemann.

Lusebrink, V. B. (1990). *Imagery and visual expression in therapy*. New York: Plenum Press.

Lyddiatt, E. M. (1972). *Spontaneous painting and modelling: A practical approach in therapy*. London: Constable.

Lynn, R. J. (Tr.) (1994). *I Ching, the classic of change as interpreted by Wang Bi*. New York: Columbia University Press.

Lynn, R. J. (Tr.) (1999). *Tao-te Ching, the classic of the way and virtue as interpreted by Wang Bi*. New York: Columbia University Press.

Malchiodi, C. (1998). *The art therapy sourcebook*. Chicago, IL: Lowell House/ Contemporary Books.

Maslow, A. H. (1959). Creativity in self-actualizing people. In H. H. Anderson (Ed.), *Creativity and its cultivation*. New York: Harper.

Maslow, A. H. (1968). *Towards a psychology of being*. New York: D. Van Nostrand.

Maslow, A. H. (1971). *The farther reaches of human nature*. New York: A Viking Company Book.

May, R. (1953). *Man's search for himself*. New York: W. W. Norton and Co.

May, R. (1959). The nature of creativity. In H. H. Anderson (Ed.), *Creativity and its cultivation*. New York: Harper.

May, R. (1975). *The courage to create*. New York: W. W. Norton and Co.

May, R. (1977). *The meaning of anxiety*. New York: W. W. Norton and Co.

McNiff, S. (1992). *Art as medicine*. Boston, MA: Shambhala.

Moon, B. L. (1996). *Art and soul: Reflections on an artistic psychology*. Springfield, IL: Charles C Thomas.

Moreno, J. L. (1941a). *The words of the father*. New York: Beacon House Inc.

Moreno, J. L. (1941b). Sociometry and the cultural order. *Psychodrama Monograph, 2*. New York: Beacon House Inc.

Moreno, J. L. (1944). Sociodrama: A method for the analysis of social conflicts. *Psychodrama Monograph, 1*. New York: Beacon House Inc.

Moreno, J. L. (1951). *Sociometry, experimental method and the science of society*. New York: Beacon House Inc.

Moreno, J. L. (1953). *Who shall survive? Foundations of sociometry, group psychotherapy and sociodrama*. New York: Beacon House Inc.

Moreno, J. L. (1955). *Preludes to my autobiography*. New York: Beacon House Inc.

Moreno, J. L. (1983). *The theater of spontaneity*. New York: Beacon House Inc.

Moreno, J. L. (1985). *Psychodrama V. I*. New York: Beacon House Inc.

Moreno, J. L., & Moreno, Z. T. (1975/1959a). *Psychodrama V. II*. New York:

Beacon House Inc.

Moreno, J. L., & Moreno, Z. T. (1975/1959b). *Psychodrama V. III*. New York: Beacon House Inc.

Moreno, Z. T., Blomkvist, L. D., & Rutzel, T. (2000). *Psychodrama surplus reality and the art of healing*. London and Philadelphia: Routledge.

Norton, B. G. (1991). *Toward unity among environmentalists*. New York: Oxford University Press,.

Ogilvy, J. (1973). *Self and world: Readings in philosophy*. New York: Harcourt, Brace and Jovanovich.

Perls, F. (1969). *Gestalt therapy verbati*. Lafayettte, CA: The Real People Press.

Perls, F. (1973). *The gestalt approach & eye witness to therapy*. Ben Lomond, CA: Science and Behavior Books.

Perls, F. (1977a). *In and out the garbage pail*. New York: Bantam Books.

Perls, F. (1977b). *Gestalt therapy verbatim*. New York: Bantam Books.

Perls, F., Hefferline, R., & Goodman, P. (1951). *Gestalt therapy*. New York: Dell Publishing.

Pert, C. B. (1997). *Molecules of emotion: Why you feel the way you feel*. New York: Scribner.

Polster, I., & Polster, M. (1974). *Gestalt therapy integrated*. New York: Vintage Books.

Reid, D. (1994). *The complete book of Chinese health & healing*. Boston, MA: Shambhala.

Reid, D. (1998). *Harnessing the power of the universe: A complete guide to the principles and practice of Chi-Gung*. Boston, MA: Shambhala.

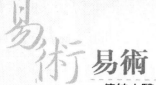

Rhyne, J., (1984). *The gestalt art experience*. Chicago, IL: Magnolia Street Press.

Robbins, A., & Sibley, L. B. (1976). *Creative art therapy*. New York: Brunner/Mazel.

Rogers, C. (1959a). A theory of therapy, personality, and interpersonal relationships, as developed in the client-centered framework. In S. Koch (Ed.), *Psychology: A study of science* (pp. 221-223). New York: Harper.

Rogers, C. (1959b). Towards a theory of creativity. In H. H. Anderson (Ed.), *Creativity and its cultivation*. New York: Harper.

Rogers, C. (1963). The concept of the fully functioning person. In *Psychotherapy: Theory, research, and practice, 1*(1), 17-26. Also published in a revised version: Chapter 14: The goal: The fully functioning person. In Carl R. Rogers, *Freedom to learn: A view of what education might become*. Columbus, Ohio: Charles E. Merrill (1969). And In Carl R. Rogers, *Freedom to learn for the 80s*. Columbus, Ohio: Charles E. Merrill (1983).

Rogers, C. (1965). *Client-centered therapy*. Boston, MA: Houghton Mifflin Co.

Rothenberg, A. (1990). *Creativity & madness*. Baltimore, MD: John Hopkins University.

Rubin, J. A. (1978). *Child art therapy: Understanding and helping children grow through art*. New York: A Van Nostrand Reinhold Book.

Rubin, J. A. (1984). *The art of art therapy*. New York: Brunner/Mazel.

Rubin, J. A. (1999). *Art therapy: An introduction*. Philadelphia, PA: Brunner/Mazel.

Sandle, D. (Ed.) (1998). *Development and diversity: New applications in art therapy*. London & New York: Free Association Books.

Sartre, J. P. (1956). *Being and nothingness*. New York: Philosophical Library.

Satir, V. (1976). *Making contact*. Millbrae, CA: Celestial Arts.

Schaverien, J. (1992). *Revealing image: Analytical art psychotherapy in theory and practice*. London & New York: Tavistock/Routledge.

Schaverien, J. (1995). *Desire the female therapist: Engendered gazes in psycho-therapy & art therapy*. London & New York: Routledge.

Schaverien, J., & Killick, K. (Eds.) (1997). *Art, psychotherapy & psychosis*. London & New York: Routledge.

Selver, C., & Brooks, C. V. W. (1966). Report on work in sensory awareness and total functioning. In H. A. Otto (Ed.), *Explorations in human potentialities*. Springfield, IL: Charles C Thomas.

Sheets, M. (1966). *The phenomenology of dance*. Milwaukee: The University of Wisconsin Press.

Shorr, J. E. (1972). *Psycho-imagination therapy: The integration of phenomen-ology and imagination*. New York: Intercontinental Medical Book Corporation .

Simon, R. (1996). *Symbolic images in art as therapy*. London: Routledge.

Siren, O. (1963). *The Chinese on the art of painting*. New York: Schoken Books.

Spender, S. (1961). *The making of a poem*. New York: W. W. Norton and Co.

St. Augustine (1961). *The confessions of St. Augustine* (F. J. Sheed, Trans.). New York: Sheed &Ward.

Suzuki, D. T. (1949). *Essay in Zen Buddhism* (1st series). London: Rider & Company.

Suzuki, D. T. (1955). *Studies in Zen*. New York: Philosophical Library.

Suzuki, D. T. (1956). *Mysticism: Christian and Buddhist*. New York: Collier Books.

Suzuki, D. T. (1956). *Zen Buddhism*. New York: A Doubleday Anchor Book.

Suzuki, D. T. (1959). *Zen and Japanese culture*. Princeton: Princeton University Press.

Suzuki, D. T. (1960). *Manual of Zen Buddhism*. New York: Grove Press, Inc.

Suzuki, D. T. (1962). *The essentials of Zen Buddhism*. New York: E.P. Dutton.

Suzuki, D. T. (1967). *Outline of Mahayana Buddhism*. New York: Schocken Books.

Suzuki, D. T. (1973). The awakening of a new consciousness in Zen. In J. Ogilvy (Ed.), *Self and world: Readings in knowledge*. New York: Harcourt, Brace and Jovanovich.

Sze, M. M. (1959). *The way of Chinese painting*. New York: Vintage Books.

The Random House Dictionary of the English Language (1967). New York: Random House.

Tu, Wei-Ming (1976). *Neo-Confucian thought in action*. Berkeley, CA: University of California Press.

Ulman, E., & Dachinger, P. (Eds.) (1975). *Art therapy in theory and practice*. New York: Schocken Books.

Varner, G. (1991). No holism without pluralism. *Environmental Ethics, 13*, 175-79.

Wadeson, H. (1980). *Art psychotherapy*. New York: John Wiley & Sons.

Waley, A. (Tr.) (1965). *The way and its power*. London: George Allen and Unwin.

Weil, A. (1995). *Spontaneous healing*. New York: Ballantine Books.

Weil, A. (1998). *Health and healing*. New York: Houghton Mifflin Co.

Wilhelm, R. (1950). *The I Ching or the book of changes*. (Translated into English from the German by C. F. Baynes). Princeton: Princeton University Press.

Wilhelm, R. (1962). *The secret of the golden flower: A Chinese book of life*. New York: A Harvest/HBJ Book.

Wu, S. (2001). *Music Qigong: Ancient Chinese healing art from a modern master*. New Jersey: Homa & Sekey Books.

Yalom, I. D. (1975). *The theory and practice of group psychotherapy*. New York: Basic Books.

Zinker, J. (1977). *Creative process in gestalt therapy*. New York: Vintage Books.

中文索引

英文索引

國家圖書館出版品預行編目（CIP）資料

易術：傳統中醫、心理劇與創造性藝術之整合
／ 龔鉥著；許家璋等譯.--初版.—
臺北市：心理, 2007（民 96）
面； 公分.--（心理治療系列；22079）
ISBN 978-986-191-033-8（平裝）

1. 心理治療 2. 中國醫藥 3. 藝術療法

178.8 96011761

心理治療系列 22079

易術：傳統中醫、心理劇與創造性藝術之整合

作　　者：龔　鉥

校　閱　者：鄔佩麗

譯　　者：許家璋、黃創華、蔡珮慈、王敬偉、
　　　　　張莉莉、蘇金蟬、涂瑞玲、李佩玲

責任編輯：郭佳玲

總　編　輯：林敬堯

發　行　人：洪有義

出　版　者：心理出版社股份有限公司

地　　址：231026 新北市新店區光明街 288 號 7 樓

電　　話：(02) 29150566

傳　　真：(02) 29152928

郵撥帳號：19293172　心理出版社股份有限公司

網　　址：https://www.psy.com.tw

電子信箱：psychoco@ms15.hinet.net

排　版　者：辰皓國際出版製作有限公司

印　刷　者：辰皓國際出版製作有限公司

初版一刷：2007 年 7 月

初版八刷：2021 年 8 月

Ｉ Ｓ Ｂ Ｎ：978-986-191-033-8

定　　價：新台幣 420 元